国家出版基金项目
NATIONAL PUBLICATION FOUNDATION

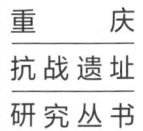

重 庆
抗战遗址
研究丛书

张荣祥　幸军　主编

日本战俘营旧址、库里申科烈士墓、张自忠墓保护与利用研究

编委会

主　任：幸　军　程武彦　李华强
编　委：唐昌伦　张荣祥　潘　洵　周大庆
　　　　熊子华　严小红　艾智科

本册主编：张荣祥　幸　军
本册副主编：岳宗英　雷雯佳　张肖静　黎　明
　　　　　　颜泽林　李　力　周雨顺

重庆出版集团　重庆出版社

图书在版编目(CIP)数据

日本战俘营旧址、库里申科烈士墓、张自忠墓保护与利用研究 / 张荣祥, 幸军主编. —重庆：重庆出版社, 2023.3
ISBN 978-7-229-15536-0

Ⅰ.①日… Ⅱ.①张… ②幸… Ⅲ.①抗日战争—革命纪念地—文物保护—研究—重庆 Ⅳ.①K878.02

中国版本图书馆CIP数据核字(2020)第242093号

日本战俘营旧址、库里申科烈士墓、张自忠墓保护与利用研究
RIBEN ZHANFUYING JIUZHI、KULISHENKE LIESHI MU、ZHANG ZIZHONG MU BAOHU YU LIYONG YANJIU
张荣祥　幸军　主编

责任编辑：卢玫诗　林　郁
责任校对：朱彦谚
装帧设计：刘沂鑫

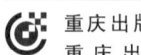
重庆出版集团
重庆出版社 出版

重庆市南岸区南滨路162号1幢　邮政编码：400061　http://www.cqph.com
重庆出版社艺术设计有限公司制版
重庆恒昌印务有限公司印刷
重庆出版集团图书发行有限公司发行
E-MAIL:fxchu@cqph.com　邮购电话：023-61520646
全国新华书店经销

开本：787 mm×1092 mm　1/16　印张：9.5　字数：138千
2023年3月第1版　2023年3月第1次印刷
ISBN 978-7-229-15536-0
定价：38.00元

如有印装质量问题，请向本集团图书发行有限公司调换：023-61520678

版权所有　侵权必究

总　序

抗战遗址是重庆宝贵的历史财富。习近平总书记指出："在中国人民抗日战争的壮阔进程中，形成了伟大的抗战精神，中国人民向世界展示了天下兴亡、匹夫有责的爱国情怀，视死如归、宁死不屈的民族气节，不畏强暴、血战到底的英雄气概，百折不挠、坚忍不拔的必胜信念。伟大的抗战精神，是中国人民弥足珍贵的精神财富，永远是激励中国人民克服一切艰难险阻、为实现中华民族伟大复兴而奋斗的强大精神动力。"[1]抗日战争时期，重庆作为中国战时首都，是中国抗战大后方的政治、军事、经济、文化中心和世界反法西斯战争远东指挥中心，是中共中央南方局所在地，也是抗日民族统一战线的重要阵地。重庆抗战遗址是重庆最具特色的珍贵历史文化资源，是重庆历史文化名城的重要支撑，是重庆历史文脉的重要组成部分，是不可多得的爱国主义教育素材，是传承和弘扬抗战精神的重要文化空间。

习近平总书记指出："要把凝结着中华民族传统文化的文物保护好、管理好，同时加强研究和利用，让历史说话，让文物说话。"[2]由此可见，文物的保护、研究和利用是做好文物工作的三个重要方面，缺一不可。重庆抗战遗址保护利用工作成效也主要体现在这三个方面：一是资源底数基本摸清。全市现存抗战遗址395处，分布在全市22个区县，涵盖了重要史迹、外事机构、军事建筑、名人故（旧）居等11个类别；抗战类博物馆纪念馆21家，馆

---

[1] 习近平：《在纪念中国人民抗日战争暨世界反法西斯战争胜利69周年座谈会上的讲话》，载《人民日报》，2014年9月4日，第2版。

[2] 2015年2月习总书记到陕西视察工作时的讲话，见《赴陕西看望慰问广大干部群众，习近平向全国人民致新春祝福》，载《人民日报》（海外版），2015年2月17日，第1版。

藏抗战可移动文物92001件（套）；列入国家级抗战纪念设施名录6处，全国爱国主义教育示范基地2处，A级景区10个。二是文物保护全面发力。在全国率先出台《重庆市抗日战争遗址保护利用办法》《重庆市抗战遗址保护利用总体规划》，确立重点保护的61处187个重要抗战遗址及集中保护的15个抗战遗址片区，将主城区314个抗战遗址点纳入城市控制性规划管理，市级及以上抗战文物保护单位抢救保护工作基本完成。三是合理利用得到加强。加强抗战文物内涵价值研究阐发，建成开放重庆抗战遗址博物馆、中国民主党派历史陈列馆等抗战类博物馆纪念馆，推出系列精品展览，充分发挥抗战文物的社会教育功能；大力发展抗战文化游，整合红岩村、歌乐山等40多个抗战和革命文物遗址，打造以上清寺片区、红岩村片区、李子坝片区、南山（黄山）片区等4个抗战遗址风貌区为重点的抗战文化旅游线路；建立海峡两岸文化交流基地，推动抗战文化宣传传播。这些都为重庆今后做好抗战遗址的保护、研究和利用工作奠定了基础。

作为国家出版基金资助项目，《重庆抗战遗址研究丛书》是在重庆社科重大委托项目基础上深化完善的新成果。它的出版，表明重庆抗战遗址研究得到支持。重庆抗战遗址研究可以分为整体研究、分类研究和个案研究，这批丛书总体上属于分类研究。其中，《重庆抗战遗址基础研究史料汇编》着重对部分重要机构和名人旧居的档案史料进行研究，以厘清文物建筑的来龙去脉；《重庆抗战兵器工业遗址群研究》着重对兵工类抗战遗址的历史价值、保护利用展开探讨；《抗战时期同盟国驻渝外交机构遗址群保护利用研究》着重对抗战时期美国、苏联、英国、法国等国家驻渝外交机构遗址进行研究；《重庆大轰炸历史文化资源的保护利用与纪念园建设研究》结合重庆大轰炸的基础研究，着重围绕现存大轰炸遗址的保护利用展开讨论；《日本战俘营旧址、库里申科烈士墓、张自忠墓保护与利用研究》是对重庆抗战遗址中的三个个案作分类比较研究。五项研究成果各具特色，是对重庆抗战遗址进行分类研究的一次探索，具有重要意义。不过，《重庆抗战遗址研究丛书》并没有涵盖重庆所有395处遗址，而是选取了其中的部分遗址或遗址群作探讨，有其示范作用，但也意味着此类研究还有很大的拓展空间。

下一步,我们将在既有研究的基础上,重点作好重庆抗战遗址的分类研究和个案研究,最终实现整体研究、分类研究和个案研究的共同推进和有效融合,为文物的保护和利用作出更大的贡献。

幸　军

2019年8月

目　录

总　序 / 1

第一章　日本战俘营旧址保护利用研究 / 1

　　第一节　日本战俘营旧址历史信息基础研究 / 2

　　　　一、军政部管理的三处俘虏收容所及重庆俘虏集中营 / 4

　　　　二、政治部第三厅（文化工作委员会）与军政部第二俘虏
　　　　　　收容所 / 18

　　　　三、在华日本人反战同盟与军政部第二俘虏收容所　/ 21

　　第二节　日本战俘营旧址现状调查与价值评估 / 29

　　　　一、日本战俘营旧址现状调查 / 29

　　　　二、日本战俘营旧址的重要价值 / 38

　　第三节　日本战俘营旧址的保护利用建议 / 41

　　　　一、二战战俘营遗址遗迹保护利用的典型案例分析 / 41

　　　　二、比较视野下日本战俘营旧址的保护利用建议 / 48

　　　　三、小结 / 52

第二章　库里申科烈士墓的保护与利用研究 / 53

　　第一节　库里申科烈士墓历史信息基础研究 / 54

　　　　一、抗战前期苏联空军援华的基本情况 / 54

　　　　二、库里申科烈士的生平 / 60

三、库里申科遗体的安葬与迁葬 / 64
　　　四、库里申科烈士墓的修缮与维护 / 72
　第二节　库里申科烈士墓的现状调查与价值评估 / 75
　　　一、库里申科烈士墓的保护现状 / 75
　　　二、库里申科烈士墓的重要价值 / 77
　第三节　库里申科烈士墓保护利用建议 / 83
　　　一、烈士墓保护利用案例分析 / 83
　　　二、比较视野下库里申科烈士墓的保护利用建议 / 92
　　　三、小结 / 99

第三章　张自忠墓保护与利用研究 / 100
　第一节　张自忠墓园历史信息梳理 / 101
　　　一、张自忠将军生平 / 101
　　　二、张自忠灵柩的运送与安葬 / 102
　　　三、张自忠墓园的形成过程 / 105
　第二节　张自忠墓的现状调查和价值评估 / 107
　　　一、张自忠墓的保护现状 / 107
　　　二、张自忠墓的重要价值 / 118
　第三节　张自忠烈士墓的保护利用建议 / 122
　　　一、国内墓园保护利用案例分析 / 122
　　　二、比较视野下张自忠墓园的保护利用建议 / 131

后　记 / 141

第一章
日本战俘营旧址保护利用研究

全面抗战爆发后，国民政府迁渝，重庆作为中国的战时首都、中共中央南方局所在地和抗日民族统一战线的重要政治舞台、世界反法西斯战争同盟国中国战区所在地，在中国人民抗日战争和世界反法西斯战争中具有重要的历史地位。这一历史进程给重庆留下了大量抗战遗址，日本战俘营旧址是其中的代表性遗址之一。日本战俘营旧址，正式称谓应为国民政府军政部第二俘虏收容所旧址（以下简称"南泉日本战俘营旧址"），现保存有刘家湾（红旗日本战俘营）、梁家边（鹿角日本战俘营）两处遗址。

迄今为止，国内研究南泉日本战俘营旧址的学术论著并不多见，大部分是研究其基本历史信息。较早关注这一领域的是各类文史资料，例如张石磷的《鹿角乡战俘营见闻记》（《巴县文史资料第1辑》，中国人民政治协商会议四川省巴县委员会文史资料研究委员会编，1984）、蒋志鹏、卢祥高的《刘家湾日军战俘营》（《九龙坡区文史资料选辑第3辑》，1989）、周仲初的《郭沫若与"在华日人反战同盟""鹿角战俘营"》（《巴南文史资料第15辑》，1989）、李丛的《鹿角战俘营琐记》（《重庆文史资料第41辑》，西南师范大学出版社，1994），主要是介绍战俘营在重庆的情况。之后，邱宗功、舒义祥、黄贵武主编的《和平村与反战运动》（中共贵州省镇远县委党史研究室编印，2002）系统介绍了国民政府军政部俘虏收容所的沿革和活动，其中就包括了南泉日本战俘营的历史沿革以及在重庆的活动。此外，孙金科、陈海宁、杨定法出版的《中国日俘收容所揭秘》（香港天马出版社，2008）比较系统地介绍了抗日战争时期中国日俘收容所的历史沿革和对日俘的管理教育工作，其中也包括设于南泉的军政部第二俘虏收容所，虽然该书所用资料大多没有标明出处，学术性不够严谨，但仍具有一定史料价值。随着2009年南泉日本战俘营被重庆市人民政府公布为第二批重庆市文物保护单位，重庆文博界开始重视对其的研究。如张仲在《曾经的历史——重庆鹿角日俘收容所》(《重庆与世界》,2010年第10期)讲述了重庆鹿角日俘收容所的沿革及活动,李波主编的《重庆抗战遗址遗迹图文集》(重庆大学出版社,2011)分别对红旗日本战俘营旧址、鹿角日本战俘营旧址作了图文并茂的介绍。

海外涉及南泉战俘营的研究主要集中在日本。鹿地亘资料调查刊行会编的13卷《日本人民反战同盟资料》(不二出版,1994),是一部内容非常全面的资料集,尤其对大后方日人反战组织成员的构成、反战宣传的口号、反战宣传的活动示意图、反战组织出版发行的刊物及俘房收容所的情况等内容记载非常详尽,是研究南泉战俘营不可多得的原始史料。菊池一隆的《日本人反战士兵与日中战争——与重庆国民政府地区俘房收容所相关的情况》(林琦、陈杰中译,朱家骏主编、校译,香港光大出版社,2006)对抗战时期中国俘房政策的理论构造以及日俘反战运动进行了述论,并访谈了部分返日日俘,其中涉及了各俘房收容所的情况。

但是,以上论著基本都是以战俘营的基本历史信息为研究对象,明确以南泉日本战俘营旧址的保护与利用作为个案研究的学术论著仍旧缺乏。目前,仅有黄晓东、张荣祥主编的《重庆抗战遗址遗迹保护研究》(重庆出版社,2013)一书对日本战俘营旧址的保护利用有较为简略的研究。可见,这一领域的研究基础相当薄弱。

第一节　日本战俘营旧址历史信息基础研究

日本战俘营又名俘房收容所,是抗日战争时期中国军队为收押从前方俘获的日军战俘设立的专门机构,是对战俘进行管理、改造、教育、感化及反战宣传等活动的重要场所。

1931年,日本军国主义者悍然发动了"九一八"事变,中国人民的局部抗日战争由此开始。1937年7月7日,日本军国主义者又一手制造了卢沟桥事变,从而发动了蓄谋已久的全面侵华战争。其后中国在以国共合作为基础的抗日民族统一战线旗帜下,开始了决定中华民族前途命运的全面抗战。随着战争规模的不断扩大及中国军队的浴血抵抗,中国军民先后在华北、中原、淞沪等战场上抓获的日军俘虏逐渐增多,而擅自处置日俘和战利品的事件也相继发生。早在1937年10月25日,毛泽东在延安和英国记者贝特兰的谈话中,就把"瓦解敌军,优待俘虏"作为八路军政治工作的三原则之一。同日,八路军总指挥朱德发出《关于日军战俘政策的命令》,强调"对于被俘之日军,不许杀掉,并须优待之"。1937年11月13日,为解决日益突出的日俘问题,国民政府按照1929年《日内瓦战俘公约》的规定,比照国际惯例,以军事委员会名义,颁布了《俘虏处理规则》。1938年1月,蒋介石在参谋会议上指出"优待俘虏,是瓦解敌军最重要的方法",并下令做好对日军俘虏的思想教育、感化等工作。1938年5月4日,军事委员会又颁布了《战俘及战利品之处理办法》。随着国共双方优待战俘政策的下达,国共双方均依照《俘虏处理规则》等文件处置日俘问题,国民政府军事委员会也将对日俘的教育转化工作列为军队政治工作的一部分。随着战局变化,国民政府为收容和改造从前线抓获的日军战俘,于1938年至1939年间,分别在陕西西安、湖南常德和广西桂林三地设立了第一、第二、第三俘虏收容所,并于1943年增设了重庆俘虏集中营,它们均系日俘的常年收押机构,并由军政部直接管理。

各收容机构的管理者们在管教中本着中华文化的博大襟怀,以仁爱之心待人,以德报怨,善待日俘。在收容所内秉承人道主义原则,尽其所能保障日俘的基本人身权利,为日本战俘提供基本的物质生活保障,表现在住宿、饮食、医疗等方面,即以不低于国军士兵的生活标准安排他们的生活。在对日俘的管理、改造上,生存环境较为宽松,不以粗暴简单的关押形式来收容他们,主要采取的是优待、感化、思想教育、分类隔离、鼓励劳动和俘虏自治等方式。在对日俘改造的初期,由于部分政策失当,成效并不理想,后来经过汪大捷、鹿地亘、康大川等进步人士的积极推动和实践,日俘改造工作得到很大的改观,促使了部分日俘的思想发生转变,在国民政府和部分日本进步人士的主导下,觉悟俘虏组建成立了"在华日本人民反战同盟"等组织。经过改造的日本战俘大都支持中国抗战,如1940年重庆"博爱村"战俘与中国电影制片厂合作,以山船薰等29人为主要演员拍摄的反战宣传纪实性影片《东亚之光》,在重庆、新加坡、马尼拉等地上映,曾在中外引起巨大反响,对宣传我国按照国际惯例,秉承人道主义原则,优待、改造日军俘虏的政策,及瓦解敌军斗志、揭露"日军无战俘"的谎言等作用明显。有的日俘还主动到前线开展反战宣传,瓦解日军士气;部分日俘还加入了八路军,人们称这些参加抗战的日本兵为"日本八路";一些日俘直接加入中国人民反抗侵略战争的行列,在前线毅然掉转枪口对准日本法西斯反戈一击。这堪称世界战争史上绝无仅有的奇观。其间,"在华日本人民反战同盟"等组织,成为一支特殊的国际主义队伍,为中国人民取得抗日战争的最后胜利贡献了一份力量。

一、军政部管理的三处俘虏收容所及重庆俘虏集中营

(一)军政部第一俘虏收容所的历史信息

1938年3月,国民政府军事委员会军政部(以下简称"军政部")在陕西西安市的长安县南郊灵感寺(今青龙寺)设立临时日俘收容所,由军事委员会委员长西安行营负责管理,汪大捷任上校参议员,主管日俘事务。1938年7月1日,军政部在此正式成立团职单位军政部第一俘虏收容所,所长为王来东(未到任)。1938年9月,由汪大捷出任第一俘虏收容所所长。1939年9月,随着日军逼近风陵渡和潼关要塞,军事委员会天水行营决定将收容所迁到宝鸡县西十公里的渭河南岸的太寅村(今宝鸡市渭滨区高家镇太寅村)弥陀院。

最初,在押的日军俘虏大约有30名,其中大多数是空袭南京时的日军飞行员。1939年,迁灵感寺时战俘逐渐增加到100余名。随着华北战场、中原战场的开辟,日军战俘日渐增多,在太寅村寺院周边加盖了几十间房子,规模最大时关押的战俘约500人。1940年八路军也把少量战俘解押到这里关押。1945年抗战胜利时,尚有300余人。

1938年9月汪大捷出任第一俘虏收容所所长时,他根据中国传统儒家追求的"天下大同"的思想,把战俘收容所改名为大同学园,以达到"中日殷鉴,以德报怨,化敌为友"的教育目标。1939年,在太寅村弥陀院山门挂有两块牌子,一块是汪大捷亲书的"大同学园",另一块是"国民政府军政部第一俘虏收容所"。收容所开设的科目有"三民主义"、国际形势、中日关系史、中文、音乐等。通过这些课让战俘明白国际形势,了解中日两国历史上的友好

1938年初,第一俘房收容所设于陕西西安灵感寺,后迁往宝鸡,称为"大同学园",主要收容北方战场所捕获的俘房。图为宝鸡大同学园旧址

交往,认识到战争的罪恶,自觉地抵制战争,并成立了"大同学园反侵略战争同盟会",开展反战活动等。1941年春,汪大捷因带领俘房郊游写生,被控"纵兵扰民"等候处理。1941年5月,接任汪大捷所长的先后为国军少将王丕云和马益祥。1945年8月15日日本投降,次年第一俘房收容所奉命撤销,所有战俘由国民党胡宗南部队负责押送至郑州,遣返回到日本。①

(二)军政部第二俘房收容所的历史信息

1938年2月23日,军政部将关押在武汉的两个临时俘房收容所里的战俘转移送到湖南常德县的盐关收押,命名为常德分所,所长为刘长佑②。1938年7月1日,邹任之接任所长③,根据军政部的命令,当日宣布成立军政部第二俘房收容所。由于日本反战作家鹿地亘在这里采访后发表了长篇报告文学《和平村记——俘房收容所访问记》,"和平村"的称呼被沿用下来。该所为军政部直属团职军事管理单位,下设管理人员编制,军佐15人,士兵

---

① 渭滨区博物馆馆长郝明科:《"第一战俘营"调查研究报告》演讲稿。
② 军政部公函鄂务整字第4951号,贵州镇远和平村收藏品。
③ 军政部公函鄂务整字第4951号,贵州镇远和平村收藏品。

24人,共计39人;俘房编制为500人;由军政部日俘管理司中校邹任之任所长。随着日军步步逼近,南方战场上又俘获了大量日军战俘,随之陆续送往湖南常德城郊的盐关关押。由于前方战况不断变化,从1938年11月开始,第二俘房收容所由湖南常德盐关向贵州镇远转移,中途在湖南辰溪停留数月,1939年3月到达贵州镇远。1944年12月再迁入重庆巴县,直至抗战胜利后的1946年4月俘房遣返完毕止。前后四任上校所长,依次为刘长佑、邹任之、莫锦龙、刘长佑,上校主任管理员孙必亨曾任代理所长;姚开白、康天顺、沈起予先后任中校主任管理员;朱宗熹任少校管理员;少校编译员舒汉生任该所国民党军政部直属特别区分部书记。该所(含分所)先后收容俘房千人以上,是抗战期间收容日俘时间最长、规模最大的收容所。

1. 从湖北武汉临时收容所到湖南常德盐关"和平村"成立(1937年11月至1938年12月底)

1937年11月前,军政部将从南方前线抓获的日本俘房集中关押在武汉,设立分属于军令部和航空委员会的两个临时俘房收容所,一个是设立在横滨正金银行汉口分行大楼(今武汉市江岸区沿江大道129号)的军令部内,关押有安田宽一等40多名俘房;另一个是设立在航空委员会所属的临时收容所内。1938年2月23日,由武汉宪兵队连夜将俘房押运到湖南省常德县城郊的盐关码头的一处老院子(码头仓库)内收容,当时还没有"收容所"的名

国民政府军政部关于设立俘房收容所事项的公函

称。1938年2月,接收的第一批战俘为渤海湾遇难江口丸船长协田富士若等23人①,到10月底共收押战俘80余人。初期管理员由朱松川等人担任。1938年3月中旬,军事委员会军政部任命刘长佑为代理所长。所方对日本战俘采取以感化教育为主、惩戒为辅的管理模式,感化教育课程设有"反对日本侵略精神训话",要求每个战俘根据中国军事教练训话的内容写感想、写作文等。

1938年7月1日,邹任之带领姚开白、赵逢吉从武汉到达常德,接任所长,临时收容所也改名军政部第二俘房收容所。当时,共有日本、朝鲜籍俘房100人左右,管理人员20多名,警卫由宪兵担任;俘房初新编成三个队,各队队长分别为协田、堀田、严益根,同时选出了卫生、劳务、日课、医务四个组的组长。

2. 贵州镇远县城(1938年11月至1939年3月)

由于武汉失守、岳阳陷落,日军南下加快,1938年11月8日,邹任之奉命率宪兵一连约30人、保安队30名,押解日俘100余人撤离湖南常德盐关,向贵州镇远转移,"当天傍晚,雇轮船航运到桃源,因水太小,然后改为推舟或沿江岸步行由沅江逆水而上,向西航行到达桃源"②。12月12日,到达湖南辰溪县郊排洲湾,在此短暂停留。1939年1月4日,邹任之以"军政部第二俘房收容所"名义,派员持公函拜会贵州省镇远县政府,函请解决第二俘房收容所的驻地住房问题。县政府批复:"本县祠庙概行驻满,函复请自行寻觅,本府当尽力协助,八日。"

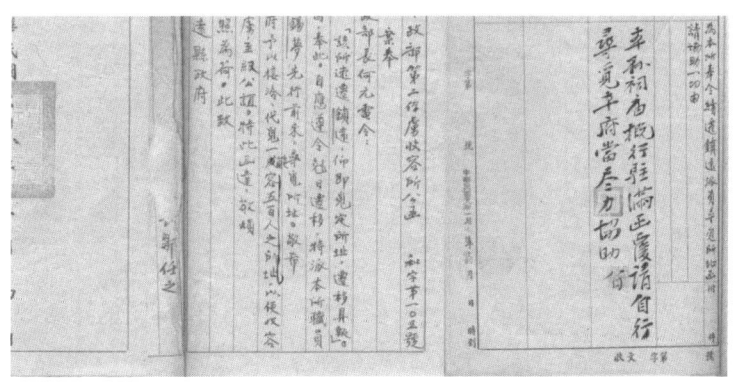

镇远县政府复函(图片来源:贵州镇远档案局)

---

① 〔日〕菊池一隆:《日本人反战士兵与日中战争——与重庆国民政府地区俘房收容所相关的情况》,香港光大出版社2006年版,第142页。
② 摘自《邹任之自白书》,第55页。

1939年2月中旬,"和平村"全体村民从排洲湾坐汽车向贵州镇远转移。3月6日,据宪兵第一团第二营第四连致镇远县政府公函:"敝连此次奉令随军政部第二俘房收容所押送俘房来镇",先暂住镇远府城冲子口巷两湖会馆内,后长驻镇远卫城十字街原镇远总兵署中营衙门"贵州省模范监狱"内。

3."和平村"从贵州镇远县城迁到重庆巴县鹿角场(1939年3月至1944年12月)

1939年3月,第二俘房收容所由常德迁入镇远。图为镇远"和平村"战俘营遗址

镇远的军政部第二俘房收容所,位于今镇远卫城和平街南侧,为长方形土石院墙合围的砖木结构建筑群。镇远"和平村"后院,占地面积823平方米,为砖墙瓦顶木结构建筑。前有清代戏楼,上有宽大的舞台,供集会讲演、文艺演出之用,舞台左右设耳房。台下两侧各有两层厢楼,被木板分隔成若干个房间,房间里设有木床,俘房们在此住宿、学习。后院关押的日军俘房,包括日籍俘房、朝鲜籍俘房、台湾地区俘房和一些身份不明的俘房。室外院中有俘房们自己挖掘的泉水井和开辟的菜地,有日本式浴室、浴槽,另有病房、厨房、医务室、食堂、岗楼、哨所等。①根据邹任之的"分离管理"政策,镇

---

① 邱宗功,舒义祥,黄贵武:《和平村与反战运动》,中共贵州省镇远县委党史研究室编印,2002年10月版,第19—20页。

远"和平村"将大的建筑物分为前舍(即"外栋"),后舍(即"里栋"),接受反战思想的训练班、研究班、新生班的俘虏住在前舍,思想没有变化的顽固俘虏住在后舍。军政部第二俘虏收容所在镇远期间,先后在此收容俘虏500多人。

军政部第二俘虏收容所驻镇远期间,邹任之常往返于重庆与贵州两地,在所内待的时间较少。1941年春上校政治员孙必亨为代理所长。镇远"和平村"所内,管理人员计有准尉至上校军官15人,尉官们各事管理员、军需佐、军医佐、看护、司书、录事、附员等职;并有士兵24人,各事看护、传达、司号、公役、炊事等职;另有驻所国民党军队宪兵一连,负责看守、监视、岗哨、门卫、警卫等职,编制号为一连人,实际上只有一个排的兵力。①

镇远"和平村"关押的俘虏中有一个特别班住在后院戏台厢房楼下的一个大房间里,这个特别班由20来个台湾省俘虏和朝鲜人俘虏组成,他们被俘前大多是在日军中服役的通译(翻译)等文职人员。

镇远"和平村"因主任管理员康天顺、管理员朱宗熹等人,认真执行"优待俘虏"政策和抗日民族统一战线的政策,并及时在重庆及国外宣传报道,引起了国际红十字会等国际组织的重视。1943年7月,红十字国际委员会视察员伊森来此视察,给予了第二俘虏收容所高度评价:"考虑到战时中国的情况,俘虏们生活上的问题基本都得到解决。尽管我努力去寻找收容所内任何可能的不足,但收容所没什么可以抱怨的地方。总的说来,这个收容所堪称模范,是我在其他国家所未曾见过的。"②再加上日共旅华作家鹿地亘曾不断写信到镇远"和平村"指导教育对日俘的改造,并亲临镇远看望"反战同盟和平村训练班"盟员及其他日军俘虏,具有反战思想的战俘参与对敌宣传,从事反法西斯工作,使镇远的日军俘虏收容所在反法西斯国际阵线上产生了良好的影响。

4. 重庆巴县鹿角场的"和平村"(1944年12月至1946年4月)

1944年12月2日,因日军逼近贵州独山,军政部下令从湖南沅陵调来28辆汽车,将军政部第二俘虏收容所所押的近400名俘虏编组,由前所长邹任

---

① 康大川:《回忆镇远日俘收容所》,载《黔东南社会科学》,1987年第1期。
② 《镇远俘虏抑留所视察报告》,日本外务省外交史料馆,编号:B02032534600,转引自袁灿兴:《国际人道法在华传播与实践研究(1874—1949)》,苏州大学,博士论文,2014年。

之任总队长，从镇远出发向重庆转移。12月4日，在龙里小学宿营。当天，邹任之为了保证日俘的安全，决定召开车长会议，下令编成"设营班"，并对各车长训示，"今后，车长对自己的车内负责"，并决定了以下事项："①设一台病号车，配置医务官一名，由村民方面指派一名医务人员、四名看护人员同车；②各车编组以二十二人为限，增加车辆；③为防止瓦斯中毒将车窗全部打开；④上下午安排两次休息时间，让大小便和吸烟；⑤除了不得已的情况外，（在车外）宿营，一天提供两餐，等等。"①沿途辗转17天，全部俘虏于12月18日在重庆巴县南温泉下车，经步行4公里后，被分别收容在鹿角场上的三圣宫及场街不远处的梁家边院子内，对外仍称"和平村"。到达鹿角场后，前舍改称为上院，后舍改称为下院。在那里，日俘可以从大门出入，大门仅有管理员，没有卫兵，看起来似乎很开放，但为天然要塞和大军所围，要想逃跑几乎是不可能的。这里周边的地势、地理条件特殊，东面有海拔千米的樵坪山，西面有蜿蜒数十里的长江，北面有惠民、栋青一带险峻的群山，南面有南温泉。南温泉除了有蒋介石的行署、孔祥熙的官邸、国民党要人的别墅外，还有中央政治大学、中央广播局等，有重兵警戒，是极佳的日俘收容地。

1945年1月后，因战局的变化，原理论研究为主的训练班、研究班、新生班团体改编为革命训练团体"和平村教育队"，其下设三个区队，队员90人，均经过严格的挑选，原动摇分子被悉数淘汰。5月11日，随着莫锦龙离任，刘长佑重新就任所长。6月1日，"和平村教育队"改名为"和平村日本民主革命工作队"，并通过了"民主革命工作队"队员誓词、纲领和章程，确立了新的体制。目的是："本队将打倒天皇制军事独裁政治机构，建立真正的自由民主政府，广泛地与民主同盟国家协作，建设世界的永久和平。"②这时，队员人数达100多人。

收容所内俘虏的基本生活是有保障的，虽资金不富裕，但还是按人头供应的。每天每个俘虏固定发给米、煤、盐以及副食费，统一由炊事班派人到

---

①〔日〕菊池一隆：《日本人反战士兵与日中战争——与重庆国民政府地区俘虏收容所相关的情况》，香港光大出版社2006年版，第179页。

②〔日〕菊池一隆：《日本人反战士兵与日中战争——与重庆国民政府地区俘虏收容所相关的情况》，香港光大出版社2006年版，第184页。

附近的镇上去购买。所方为了改善伙食、增加收入,还组织俘虏制作工艺品,如水牛角制作的摆件、乐器、玩具、墨盒等实用器。卖出工艺品的收入,则由所里及个人按比例分成,这大大地改善了俘虏们的生活质量及病员的伙食标准,也增加了日俘的生活情趣。俘虏若是生病了可去医务班看医生,当时所内有两名医生,一位是中国人,一位是日本人,日本人叫安田,系旧军医,住在上院。

1945年7月上旬,芷江战场上抓获的120余名日俘和数十名韩俘也乘车抵达巴县南温泉。随之,"中国方面给俘虏理发,都剪成光头之后,20人分成一组,发给毛巾进温泉洗澡。出了温泉后,发给崭新的中国军服,接着分给大饼"①。之后大部日俘被送往离"和平村"1公里许的一所小学内收押治疗(因多系伤残者及不明高热瘟病者)。8月,这所临时关押日俘的小学被关闭,留存下来的60余人则被移送到"和平村"组成了"新生队"。后来,他们中的50人,毫不犹豫地加入到上院的反战学习中来。

1946年4月14日清晨,因日本战败,380名日俘在所长及管理员的带领下,离开了鹿角场的第二日俘收容所,列队向南泉行进,到南泉后,他们与其他收容点的俘虏一道乘坐由中国人驾驶的美式卡车80辆,并在宪兵的一路护送下,开始了他们漫漫的遣返归国之路。

5.军政部第二俘虏收容所重庆分所("博爱村",1939年4月至1941年春)

1939年4月3日,所长邹任之将关押在重庆城临江门太阳山府文庙明伦堂的日本战俘转移到巴县杨家村刘家湾地,命名为"博爱村"等,成立军政部第二俘虏收容所重庆分所。

(1)重庆城内太阳山临时俘虏收容所

1939年初,军政部将武汉战役中安徽安庆、湖北麻城等地游击队俘获的几十名日军俘虏,囚禁在重庆临江门夫子池街府文庙左侧的明伦堂内(今重庆第二十九中学)。这里地势较高,突兀城中,小地名叫太阳山。明伦堂是重庆府文庙建筑群中的一处庭院,1914年曾在此处开办四川省立第二女子师

---

①〔日〕菊池一隆:《日本人反战士兵与日中战争——与重庆国民政府地区俘虏收容所相关的情况》,香港光大出版社2006年版,第335页。

范学校,抗战时期这处空闲校舍用作临时关押日军俘房的地方。因日机轰炸,这些日俘于1939年4月3日,在所长邹任之、主任管理员沈起予的带领下,乘车越过长江,再南行不过半小时,抵达俘房收容所新址"博爱村"①。

(2)"博爱村"即军政部第二俘房收容所重庆分所

"博爱村",原是刘姓地主两代人陆续建成的地主庄园,抗日战争开始后,刘家将这处庄园转卖给了地主周唐氏(唐寿芬)。庄园为四合院式布局,穿斗木结构,悬山式、小青瓦顶,石条砌护夯土台基。前院有一个八字朝门,朝门上方用石灰粉塑"山高月小"四字花边门匾,朝门前面是一个宽敞的大院坝,场坝坎下一丘大田种着莲藕。宅院右侧另有一个侧院,侧院院前是个红砂石框大门,门坎脚五级石梯与大藕田相接,侧院里边有东西两排厢房,每排厢房分隔成若干个房间,这里便是日军俘房住宿、学习的生活区。另据"博爱村"上校管理员沈起予在《人性的恢复》记载,在石框门侧院右边竹林深处,新建有一栋面积四五百平方米的小礼堂,大屋顶铺盖着大片机器瓦,瓦上分别用中英文刻印有"西南建筑工程管理局汉阳机器砖瓦厂出品"字样,显得洋洋大观,这里是"博爱村"接待中外来访者访问日军俘房的会客厅。"博爱村"整体村落为绿树修竹环绕,再加上村前流淌着一条清澈见底的山溪"朱麻子荡",可供日军俘房早晨洗脸、傍晚沐浴,更增添了几多和平怡静的田园情趣。在"博爱村"后面有一个岩洞,洞口由卫兵严守,违犯刑事法规的俘房被关进这个岩洞内处罚。

俘房初到"博爱村"的情景是:"车在一个清幽的地点停下,他们便连声称赞,跳了下来,而在侧路上一转弯,一口大莲花池塘在一所庄园似的屋宇前展开,池塘角的两棵古柏树上贴着两道大标语是:'我们的敌人是日本军阀,日本的被压迫民众与我们携手起来!'⋯⋯而在庄严的八字朝门上,则左右对称贴着'欢迎日本弟兄'的几个大字。大家鱼贯而肃穆地走了进去,内面搭有凉棚及栽种着许多果树及葡萄的庭园⋯⋯庭园正面的客厅上,则有几张方桌连成一大餐桌形,茶点、香烟早已摆在上面了。原来这是一个地主的古老的住宅⋯⋯于是,俘房们客人似的,在厅上围桌坐下,开始抽烟、喝

---

① 〔日〕棚桥秀雄:《博爱村日记》,转引自孙金科:《中国日俘收容所揭秘》,天马出版社,2008年11月版,第67页。

茶"①。此即当时日俘转到"博爱村"所居环境、接待方式、俘虏心态的实录。

1939年4月至1941年春期间,战俘的管理者们严格履行不虐待战俘的国际惯例,不采取监狱式管理,战俘收容地不设铁丝网,取而代之的是学校式训导。日共党员鹿地亘受中国共产党的委托,以政治部少将设计委员的身份,数度来到"博爱村"开展反战工作。如1939年9月,鹿地亘在刘家湾"博爱村"发表了"日本人民反战同盟组织化方针"的演讲,充分揭露了日本军国主义者的罪行,极大地激起了日俘的愤怒和对军部的反感。一次,鹿地亘夫妻、绿川英子、冯乃超等人陪三厅厅长郭沫若视察"博爱村"时,郭沫若受所长邹任之邀,还为日俘发表了即兴演说。②不久,宋美龄、国际红十字会、外国使团、中外记者,先后来到该地,一时间此地成了重庆新闻报道的热点。当时,战俘营内办了"特别班""反战同盟训练班"等,使不少觉悟战俘积极参加反战组织"日本人民反战同盟"的工作,这方面的成绩是非常明显的。如1939年9月9日,所内举办了隆重的朝鲜俘虏"解放"仪式,即"欢送大会",欢送他们参加"朝鲜义勇队"走上前线打日本。当天,参加检阅的要人有中将、少将、司长等,及从城里赶来的大批中外新闻记者。检阅场上军乐齐鸣,统一着装的30多位朝鲜男女俘虏整队入场接受检阅、"解放",场面极为壮观。又如,1940年2月至5月间,由中国电影制片厂拍摄,政治部(第三厅)监制的,主要演员由当时"博爱村"的觉悟日俘29人组成的,战俘400人合演的,以"博爱村"战俘生活、学习为主题的,亘古未有的纪实性反战教育纪录片《东亚之光》的公演,即是战俘改造成效的绝佳证据。该影片系我国抗战期间拍摄的唯一一部反映日军战俘生活的纪实片,在海外公演后,彻底地打破日本军方"只有战死的帝国军人,没有战俘的皇军将士"的谎言,在国际上产生了巨大反响!此外,1939年冬的一天,"博爱村"的日俘还代表村内的"在华日本人民反战同盟准备会",参加军事委员会政治部妇女工作队为前线将士征募寒衣在重庆国泰大剧院的筹款演出,而节目是《为自由和平而战》的抗日剧情。剧中日俘们演出日本军人对侵华战争的反感情节极感人,博得中国观众的阵阵掌声。再如,1940年2月初,因出演电影《东亚之光》,

---

① 沈起予:《人性的恢复》,群益出版社1943年版,第9页。
② 沈起予:《人性的恢复》,群益出版社1943年版,第47页。

"博爱村"的日俘演员们来到了重庆,便即刻轰动全城。[1]由此可知,觉悟了的日俘们是以这般的热忱,即以他们的绵薄之力投身于中国的抗战运动中去。另,1939年10月的一天,"博爱村"的反战同志还受邀参加了附近场上举办的"国民月会",即庆祝建国的"双十节"。会上,日俘三船薰还发表了激情的反战演讲,并赢得满场掌声。之后,"反战同盟"日俘们又演出了揭露日军暴行的《新亚之光》话剧。此事沈起予《人性的恢复》书中有载:"这是村员们第一次出村工作,第一次在村外与广大的群众接近;而由民众对他们的情热,政府长官对他们的诚恳,显然使他们提高了不少的工作热情。"

"博爱村"的管理者在对日俘生活的管理上,也是极人性化的。日俘在管理员的带领下,还能外出到附近场上买菜、运煤,乃至写生、游泳、摸鱼等。当时,日军战俘的生活标准实际上不低于国军上等士兵,一日三餐生活比较有序,并建有日俘生活改善委员会管理自己的伙食等。[2]曾组织"博爱村"村员自治会,还建立合作社,组织日俘开展适当的生产劳动,制作家具和工艺品出售,所得用来改善生活及环境。当时,战俘还可以通过看守士兵向外买回牛角、牛骨,雕刻成私章、玩具等手工艺品,同当地村民相互赠送和交换。虽然是日本战俘,但战俘营周围村民们也会不定期地为他们缝补衣服,给他们一些生活上的照料。管理人员还组织日本、朝鲜籍战俘举办野外联合同乐会,演出文艺节目,演唱《大刀向鬼子们的头上砍去》《送郎歌》等。开展体育活动,如棒球、拔河比赛、篮球、乒乓球、"土俵(角力赛)"等。还对日俘进行宗教教育,进行基督教洗礼。此地先后收容战俘上百人,但无一人被枪毙。整个关押期间,共有数十名战俘病死,被埋在营地背后的山顶上,管理人员还为死者拍照并立碑或木牌。事见沈起予《人性的恢复》记载,在日俘中有二人不幸病亡,一因战伤不治,一因脊髓神经炎发作,几乎同时去世,"村内即刻忙碌起来了。深夜里,人们赶到场上去购买棺材和死者的供养品,而依照日本习俗,村员们要'守夜',所以又得买点心,备酒菜等来供养'活人'。第二天一早,死者入殓。两副棺材在院内并排停着,棺材前一张桌上供着鲜花、水果、点心、纸烟等祭品,炉内焚香缭绕的燃着。所长及管理人

---

[1] 沈起予:《人性的恢复》,群益出版社1943年版,第149页。
[2] 沈起予:《人性的恢复》,群益出版社1943年版,第20页。

等在侧面,全体村员则成列的站在桌正面,一同举行'告别式'。在司仪的指导下,大家先一同静默致哀,然后由所长开头,依次走到桌前,上香,合掌礼拜,告别式完结,才由村员们捧着墓标,将棺材抬到村旁的坟山上去安葬"[①]。可见,中方的管理者对日俘人格是何等的尊重。

"博爱村"的附近,同时还设有两处战俘的临时收容地,一名"正义村",一名"新亚村",但管理仍由"博爱村"负责。据沈起予《人性的恢复》记载:"正义村,如城塞似的雄踞在离'博爱村'五里之遥的一个山顶上。登上山顶,前面遥见大江滚滚东流,后方远远的一壁连峰,遮住天边,脚下稀疏的丘陵和梯形的田畴,波浪似的起伏着。由于先有通知,当我们走到村旁时,全部俘房已经整队在门外迎接我们了。踏进村内,只见房子全用土墙筑成,上下两厅和左右二厢,包围着一个大天井,上厅住着职员,下厅作礼堂兼饭厅,左厢系俘房寝室,右厢则驻着宪兵。"[②]"正义村"是所长邹任之为落实他的《朝鲜俘虏解放宣传大纲》《国际正义军组织大纲》的计划而筹组的,即他设想将原贵州镇远第二俘房收容所的朝鲜俘虏中的觉悟者们,移到重庆"正义村"来,经军事、政治等方面严格集训一个短时期,"解放"出去,参加"朝鲜义勇队"的工作。当时,所方还为此举行了盛大的"解放"欢送仪式等,影响很大。之后,"正义村"仍是收容日俘的地方,他们还自编自演过反战剧《中国魂》。再后,一度用作关押十来个"中国哑子"("哑子",系不能正常发语,头脑不清,或身份甄别有困难的人。据载,有的系韩国人,有的为台湾地区人,却因查不明的原因,而作为日俘收容。也可能是依此时的俘房政策,从前方抓获的日俘可按级别向政府领奖有关,待考)的居所。

"新亚村"组建时间稍晚于"正义村",地点在"博爱村"附近,也是收押"觉悟"日俘的地方,人员主要来自贵州镇远,也有少量原"博爱村"人员。"新亚村"日俘曾自编自演过反战活报剧《新亚之光》。1940年,"新亚村"所押人员与"博爱村"合并。

1941年春,因重庆分所在押人员所剩不多,加上所长邹任之受戴笠之托,以少将特工队队长职去上海,假借古董商名搜集日军情报等因,故将重

[①]沈起予:《人性的恢复》,群益出版社1943年版,第90页。
[②]沈起予:《人性的恢复》,群益出版社1943年版,第73页。

庆分所结束,所内日俘及留任的官兵均返贵州镇远二所所部。"博爱村"也就自然不复存在了。至于同年9月,原"日本在华反战同盟"总部成员,加上该盟"西南支部"共二十余人,被迁往贵州镇远军政部的第二俘房收容所再"训练",却与重庆分所无关了。再后的1942年,重庆日本战俘的管理机关由重庆市区黄家垭口迁至刘家湾原"博爱村"址办公。后来1943年3月25日,军政部重庆俘房集中营在"博爱村"旧址挂牌成立,对外易称"自由村"。

(三)军政部重庆俘房集中营("自由村")的建立

1942年12月15日至1943年3月25日间,在少将邹任之的主持下,在原"博爱村"旧址,即刘家湾筹备成立了军政部重庆俘房集中营,对外称"自由村"(日本民主革命同志会:《自由村的生活》,1946年8月),编制为500人至1000人,邹任之为主任。其后,邹任之与著名电影导演何非光,曾到成都接收了一批由航空司令部管理收押的日籍航空飞行员约100名俘房,加上原押各点的日俘及后来湘桂战场新送日俘,共收容战俘数百人(人数存多说:①原集中营主任邹任之之子邹安和依其父的文档,说为800人;②据另一日俘长谷川讲,200人许;③日本民主革命同志会《自由村的生活》说,5000人?此说不可信),集中关押在刘家湾"自由村",并由宪兵一排负责警卫,宪兵部警卫处派特务中尉科员骆丙中驻营协助,监视全营官兵的思想行为。为收容方便,军政部特许建造了四栋新房舍,用作日俘的住宿。集中营的任务是协助对敌宣传、研究敌情,并准备集中各地俘房。由于宣传的需要,美国、英国的情报机关经常派人来集中营审讯日本战俘,当时提供的内容主要有日军各部队的番号、部队的作战经过和各种电报密码的情况。

营内还设有供俘房们演说、表演、讨论等的俱乐部。夏天,日俘可在小河洗澡、洗衣、捕鱼,院内设有澡堂。集中营里没有强制劳动,对俘房的人权、待遇给予照顾。集中营内还押有日本高级军官,如海军武官兵浜口、冲野上校、国粹主义者山田少校等人。

1946年4月的一天,日俘们被集中至南泉,不久随同梁家边的第二战俘收容所的日俘遣返回国人员一道,在中国军队及管理人员的护送下,乘80辆美式大卡车,"充满信心地为民主日本的建设回到日本去了"。军政部重庆俘房集中营也不复存在了。

(四)军政部第三俘房收容所(1939年6月至1940年7月)

1939年6月前,桂林宪兵团管理着收容日本俘房的临时中转站,其地收容日俘1人至10人不等,只作短暂收押,满10人后再转送贵州贵阳。6月,军政部于桂林南岗庙成立了桂林行营俘房收容所(又称第三俘房收容所),主任管理员为朝鲜义勇队秘书周世敏,后周因组建"日本义勇队"的想法受阻而辞职。7月,由留日的麻生哲继任主任管理员一职,麻生将桂林第三俘房所取名"苏生学园",寓意新生之意。该所初期,收容日俘13人,不久增加到16人;1940年1月,收容48人;5月达150余人;1940年7月,与贵州镇远第二俘房收容所("和平村")合并时收容人数为89人。1939年10月,日籍进步人士鹿地亘在桂林战俘收容所筹备"反战同盟西南支部"。11月,"苏生学园"中11名初步觉悟的日俘被释放,在桂林南岩庙成立了"反战同盟西南支部准备会"。12月23日,"反战同盟西南支部"在桂林乐群礼堂正式成立。余下日俘1940年1月为了庆祝新年元旦,还与新管理员廖济寰等一道吃日式"杂煮",融洽了他们的关系。同年2月,成立了自治会,干事为日人盐路、大塚、白井等,选盐路为干事长;下设会计、学务、炊事、庶务、文书等六部。伙食由自治会自办,由炊事部的白井等人每日领取食品购买费外出采购,每人每月伙食费10元,另公益费5元,个人费5元,并记账,每月出开支报告。同年3月,根据廖济寰所长的安排,为反战之需实行"村甲制",将原"苏生学园"改名"仁爱村"。村长即所长廖济寰,副村长宜季宝,其下编为六甲(每甲6人),分设甲长、副甲长。5月,增设体育甲,每月举办一次运动会,优胜者可获奖品,其影响较大,还从桂林城里引来了许多参观者。1940年7月20日,因日机频繁轰炸,接上方命令,该所与贵州镇远的第二俘房收容所合并,被监禁的伊藤等人得以释放。7月26日一早,桂林第三俘房收容所的89名日俘起程,一路辗转乘火车、汽车经衡阳、邵阳等地,29日抵达贵州镇远的军政部第二俘房收容所。到此,军政部第三俘房收容所的使命也告完结。

二、政治部第三厅(文化工作委员会)与军政部第二俘虏收容所

(一)政治部第三厅(文化工作委员会)基本信息介绍

国民政府政治部第三厅是第二次国共合作的产物。1938年2月6日,为适应抗战形势的需要,国民政府改组军事委员会,成立政治部,掌管陆海空军部队学校及国民兵之政治训练、民众组织训练之指导协助、国民军以及宣传业务。[①]成立伊始,政治部由陈诚任部长,周恩来和第三党负责人之一的黄琪翔任副部长,张厉生任秘书长。政治部设有秘书处、负责行政的总务厅、负责军内党务的第一厅、负责民众组织的第二厅和负责宣传的第三厅。

1938年4月1日,政治部第三厅在武汉昙华林正式成立,由郭沫若任厅长,范寿康、范扬任副厅长,下设办公室和三个处。其中,第七处主管对日宣传和国际宣传,由范寿康任处长[②],下设三科:第一科科长杜国庠,担任设计和日文翻译;第二科科长董维健,担任国际宣传;第三科科长冯乃超,担任对日文件的起草和负责协助鹿地亘的"日本人民反战同盟"[③]。

随着抗战局势的变化,第三厅从武汉撤离到了湖南,后来又去往桂林、贵阳,最终于1938年12月29日迁至重庆。同时,由于国民党对共产党政策的转变,国共关系发生了变化,影响了实际上由共产党领导的第三厅。1939年春,第三厅进行了改编,取消了处,由原来的三处九科缩减为四个科,即"一科掌文字宣传,科长杜国庠;二科掌艺术宣传,科长洪深;三科掌对敌宣传和国际宣传,科长冯乃超;四科掌印刷、出版、发行和总务,科长何公敢;厅长办公室主任秘书仍由阳翰笙担任"[④],人员和经费也随之大为缩减。1940年秋,第三厅再次改组。郭沫若被免去第三厅厅长的职务,改任为政治部部委委员,改由国民党员何浩若担任第三厅厅长。

[①]《国民政府军事委员会政治部组织条例》,载《浙江省政府公报》,1941年第3313期。
[②] 参见《第三厅组织机构与干部一览》,载《武汉文史资料》,1998年第3期。
[③] 阳翰笙:《第三厅——国统区抗日民族统一战线的一个堡垒》(一),载《新文学史料》,1980年第4期。
[④] 翁植耘:《郭沫若在第三厅、文工会及其创作活动》,四川省政协文史资料委员会编:《四川文史资料集粹》第4卷《文化教育科学编》,四川人民出版社1996年版,第4—5页。

1940年9月,原第三厅工作人员开始筹建文化工作委员会(简称"文工会")。11月1日,文工会在重庆正式成立,并于12月7日在抗建堂举行了盛大的招待晚会以款待文化界和新闻界的友人。文工会的组织机构和人员构成如下:主任郭沫若,副主任阳翰笙、谢仁钊、李侠公。下设三个组:第一组为国际问题研究组,组长张铁生(未到任,由蔡馥生代理);第二组为文艺研究组,组长田汉(后由石凌鹤代理);第三组为敌情研究组,组长冯乃超。此外,文工会还设了三个室:一是敌情收听室,负责人朱喆;二是城内秘书室(位于天官府7号),负责人罗髯渔、朱海观;三是乡间秘书室(位于赖家桥全家院子),负责人何成湘[①]。文工会团结了比第三厅更广泛的文化界代表人物,扩大了统一战线的范围。

虽然文工会是第三厅的延续,但受学术研究机构的性质限制,已不可能像第三厅那样以国家机关的名义来领导文化团体进行抗日救亡运动,其工作内容相应发生了变化,以开展学术研究、文艺创作,举办学术讲座、演讲会、报告会,主办关于国际问题的讲座,进行国际问题方面的宣传工作为主。敌情研究方面,由于国民党当局缺乏相关人才,文工会得以延续原来第三厅的敌情研究工作和使用专用设备,继续编译《国际问题资料》和《敌情研究》。同时,文工会还负责原来第三厅联系的在华日本人民反战同盟(以下简称"反战同盟"),借以收集敌方资料,进行反战宣传,在盟员中开展民主思想教育,起到了很好的瓦解敌军的效果。

抗战后期,中国共产党提出的废除国民党一党专政、建立联合政府的主张得到各党派团体的热烈响应和支持。文化界为表明态度,由郭沫若执笔,经阳翰笙、杜国庠、冯乃超等文工会成员讨论修改,形成了《文化界对时局进言》,得到了重庆文化界的广泛认同,获得了郭沫若、冰心、老舍、马宗融、陈望道、周谷城、巴金、沈钧儒等,自然科学界,哲学、法律、历史、教育、出版、语言学等社会科学界,文学、戏剧、电影、音乐、美术、舞蹈等文艺界的代表人物共计312人的签名,并于1945年2月22日在《新华日报》和《新蜀报》上全文发表,在舆论界引起了巨大反响。这招致了国民党当局的强烈不满。在追

[①] 参见阳翰笙:《战斗在雾重庆——回忆文化工作委员会的斗争》,载《新文学史料》,1984年第1期。

查到签名运动是文工会发起和组织后,政治部以"业务性质与该部第三厅相同,遵照军委会通令'机关性质相同者'应予裁并"[①]为由,在当年3月30日宣布解散文工会。次日,重庆各报刊登了文工会被解散的报道:"郭沫若先生领导下的政治部文化工作委员会,已于昨日(三十日)奉政治部张部长命令,予以解散。"[②]文工会就此解散。

(二)政治部第三厅(文化工作委员会)与军政部第二俘虏收容所的关系

军政部第二俘虏收容所在行政上属于军政部管辖,但是由于军政部缺乏专门的日语人才,加之改造工作涉及政治训练与政治宣传,属于政治部的职权范畴,对敌宣传工作正好是政治部第三厅(文工会)的职责范围,俘虏收容所日俘的改造工作实际上是由第三厅(文工会)来指导进行的。

第三厅(文工会)对日俘改造的指导主要体现在以下两个方面:一是参与俘虏改造工作的人员主要来自第三厅(文工会)。俘虏收容所主管日俘改造事务的主任管理员有数位来自于政治部第三厅(文工会),如1938年4月前往常德军政部第二俘虏收容所(又名"和平村")负责政治教育的主任管理员孙必亨是由第三厅派去的;1940年镇远军政部第二俘虏收容所(又名"和平村")的主任管理员鹿地亘是以政治部设计委员及第三厅雇员的身份参与到日俘改造工作中去的;1940年秋,冯乃超派第三厅科员康天顺(后改名为康大川)去镇远第二俘虏收容所任中校主任管理员,从事日俘教育,进行对敌宣传和国际问题研究工作,并办有石印机关报《东亚和平》。此外,参与日俘改造的人员大量来自于第三厅。日俘改造工作需要懂日文、了解日本文化的工作人员,集中了大量精通日语熟悉日本国情具有留日背景的知识分子的第三厅(文工会)则成为了俘虏工作的人才库。"1939年3月,国民政府为了培养对敌宣传干部,在桂林行营开设了日语训练班(原为周恩来、叶剑英的提议,该班负责人是冯乃超)"[③],前文提到的康天顺就是该训练班的第一

---

① 《政治部张部长谈裁并政工机构,实施新颁编制确定紧缩原则》,载《中央日报》,1945年3月31日第2版。

② 《文化工作委员会昨日奉令解散,该会由郭沫若先生领导,包括文化界许多知名之士,对抗战文化贡献很大》,载《新华日报》,1945年3月31日第2版。

③ 〔日〕菊池一隆:《日本人反战士兵与日中战争——与重庆国民政府地区俘虏收容所相关的情况》,香港光大出版社2006年版,第158页。

届学员。第三厅的成员还直接参与到日俘改造工作中。1938年10月,第三厅第七处第三科"派本科主任科员廖体仁会同设计委员鹿地亘及刘佐人前往常德'军政部第二俘虏收容所'视察及进行俘虏感化工作,在该所工作十数日,每日讲演、谈话,及阅览俘虏作文,考察俘虏生活、感情及思想"①。

二是进行俘虏改造的资料是第三厅(文工会)编写提供的。正如1938年9月第三厅第七处的工作报告中所说:"对敌宣传为本厅(政治部第三厅)第三科(第七处)之业务,以对敌宣传为中心,兼及国际宣传……草订优待俘虏须知,派遣视察俘虏收容所并教育训练俘虏,派员协助筹办日文日语简易训练(在桂林),编印对敌宣传各种纲要、小丛书、日文小册子、通行证、日文标语传单、口号等计五十一种,编印《新式日语短期讲义》《对敌宣传必携》《日本士兵日记文选》三种,《俘虏读物》《俘虏生活实况》共五种之编印对伪军宣传传单。"②在俘虏收容所工作的第三厅成员也会编写对敌宣传资料,例如康天顺就在镇远第二俘虏收容所和其他人一起"自编了《东亚先锋》《和平先锋》《呼声》等反战刊物,自编自演《长江春寒》《狼》等反战话剧,创作并演唱反战歌曲"③。

三、在华日本人民反战同盟与军政部第二俘虏收容所

（一）在华日本人民反战同盟基本信息介绍

在华日本人民反战同盟由鹿地亘组织创建,在中国的抗日战场上为抗击日本侵略势力作出了特殊的贡献。鹿地亘(1903—1982),本名濑口贡,日本大分县人,1927年毕业于东京帝国大学文学部,日本共产党员。学生时代起就参加日本无产阶级艺术联盟,后来成为日本无产阶级作家联盟和文化联盟的干部。1927年被捕,1935年底获释,1936年1月从神户偷渡前往中国上海,经内山完造介绍与鲁迅相识,从事鲁迅著作的编译工作。1937年11月,上海沦陷后,与妻子池田幸子转移到香港并结识郭沫若及夏衍等中国文

---

① 《军事委员会政治部第三厅二十七年九、十月份工作概况》,载《郭沫若学刊》,2011年第3期(总第97期)。
② 《政治部第三厅工作报告(1938年4月1日)》,中国第二历史档案馆馆藏档案,档号:772-638,转引自〔日〕井上桂子:《鹿地亘的反战思想与反战活动》,吉林大学出版社2008年版,第85页。
③ 彭亚新主编:《中共中央南方局的文化工作》,中共党史出版社2009年版,第40页。

化界名人。经郭沫若推荐,1938年3月,鹿地亘夫妇被聘为国民政府军事委员会政治部设计委员(享受少将待遇),实际上成为第三厅第七处(国际宣传处)的顾问。他们的主要工作就是协助第三厅第七处开展对敌宣传。

1938年10月,鹿地亘奉郭沫若委派前往位于湖南常德的国民政府军政部第二俘房收容所做思想感化工作。在第三厅科员廖体仁的陪同下,他在收容所会见了50余名日本战俘,和他们共同生活了10天,通过讲演、座谈会、个别谈话、阅读战俘作文等方式来与战俘进行思想交流,向他们讲述侵华战争的非正义性,并向战俘介绍了抗战歌曲《长城谣》。后来,鹿地亘以这10天的考察为蓝本,写成了10万余字的报告文学《和平村记——俘房收容所访问记》,经冯乃超、邢桐华翻译后,于1939年在夏衍主办的桂林《救亡日报》上连载。在对战俘进行感化教育的过程中,鹿地亘产生了组建反战组织的想法。他草拟了一份改造日俘的《和平村计划》,得到了周恩来和郭沫若的赞许。

在广州、武汉相继弃守后,1938年10月下旬,鹿地亘随第三厅向大后方转移,来到桂林为军事委员会政治部短期日语训练班制订教学计划。在桂林期间,鹿地亘在冯乃超等人的协助下制订出关于组建日本人民反战同盟的计划书,内容包括:"①在桂林创办一个特殊的临时收容所,以收容、教育俘房;反对日本侵略战争。②提出日本反战同盟纲领,内容有:反对发动战争的日本军事独裁政权;建立和平民主的日本人民政府;公正的议和;中日两国互敬互助;维护东亚和世界和平。③阐述了日本人反战同盟与中国政府的关系。提出反战同盟是日本人的自主组织,中国政府只是支援者,而不是主宰者。否则,就不会得到国际上的重视和信任,也不会对中国的抗战发挥重大作用。④反战同盟的经费由中国政府以补助金的形式支付。"[①]1939年1月,由桂林行营主任白崇禧呈送给蒋介石。4月下旬,蒋介石批准了这个计划,命令政治部研究实施。政治部将该任务交给了第三厅。4月20日,鹿地亘、廖济寰、宣宝季、冯乃超等人在桂林行营参谋处共同商议了计划书及预算编制等事宜。5月12日,鹿地亘与郭沫若、冯乃超在重庆商议方案,计划

---

① 关捷主编:《影响近代中日关系的若干人物》,社会科学文献出版社2006年版,第81—82页。

鹿地亘在重庆"博爱村"主持座谈会（图片来源：席与群摄，《良友》，1939年第146期，第23页）

首先在桂林组织"反战同盟"的支部。并于6月4日在重庆赖家桥郭沫若家中，商议了计划书的具体实施方案。9月，鹿地亘在位于重庆南泉刘家湾的军政部第二俘虏收容所重庆分所发表"日本人民反战同盟组织化方针"。

在桂林行营参谋处的协助下，鹿地亘于1939年10月在桂林开始筹备"反战同盟西南支部"。12月23日，"反战同盟西南支部"在桂林乐群礼堂召开正式成立大会。大会通过了《在华日本人民反战同盟规约》及《西南支部成立宣言》。《宣言》写道："我们行动的初步目标，有如下列：第一，即时停止侵略战争，派遣军立刻撤退。第二，打倒军事资本家、军事冒险主义者，和他们之奴役的官僚政府。第三，确立完全的民权（言论，集会结社，文化，教育的自由）。第四，改善和救济在战争破坏条件下呻吟着的人民、工人和农民。第五，保证战争牺牲者及其家族的生活。第六，为着解决上述一切，在完全民主的条件之下，树立人民政府。"[1]"反战同盟"西南支部成立后，立即组织了前线工作队开赴桂南前线开展对敌宣传。在此过程中，松山速夫、大山邦男和鲇川诚二等3名工作队员受到日机轰炸牺牲。同时还组织了巡回工作团在桂林、柳州、重庆等地演出自编自演的日语话剧《三兄弟》，并创办机关刊物《人民之友》，还编译了多种《教育资料集》，收集日本共产党员冈野进（即野坂参三）《给日本共产主义者的信》、斯大林《联共（布）党第十八次代表大会的报告》、列宁《帝国主义论》等文件，供盟员阅读学习，起到了很好的宣传和改造效果。

1940年1月，鹿地亘从桂南前线来到重庆，受到了社会各界的热烈欢迎。

---

[1] 白山：《中国西南的日本反战同盟》，载《全民抗战周刊》，1940年第108期，第1621页。

在华日本人民反战革命同盟会前线工作队抵渝时受到各界欢迎的场面(图片来源:《少年画报》1941年第41期第7页)

在郭沫若等人的争取下,经过国民政府军政部和政治部的批准,鹿地亘在第三厅工作人员冯乃超与廖体仁的具体协助下,从重庆"博爱村"挑选了16名有一定觉悟的日俘,于1940年3月29日在赖家桥成立了由他领导的"在华日本人民反战同盟"(日本人称为"日本平和同盟")总部筹备会。3月30日召开的总部盟员第一次大会上,商定了总部的机构和人选,设立了书记局、机关编辑部、教育部、资料调查部、计划宣传部和经理会计部等6个工作部门。7月20日,在赖家桥第三厅礼堂举行了在华日本人民反战革命同盟会成立大会,宣告"反战同盟"重庆总部正式成立。鹿地亘被一致推选为会长,池田幸子、青山和夫、绿川英子、成仓进、前野慕子、广濑雅美等为总部有关负责人。大会还发布了反战同盟的宣言、纲领,提出了反战同盟的基本方针:"一、协力于中华民族之自卫解放之抗战。灭绝日本帝国主义及其在大陆上一切之代理人。二、拯救被压迫而牺牲于战事之人民,根据人民之素志以建设民主之日本。三、努力中日两民族之亲善提携,根据自由平等友爱之原则,以奠定东亚和平。四、反对日本帝国主义战争,联合世界真正和平之各民族,以灭绝人类之任何不幸。"①"反战同盟"重庆总部成立后,开展了一系列的对敌宣传和日俘改造工作:一是在鹿地亘的主持下,举办了为期1个月的"夏季特别训练班",对盟员进行对敌工作的训练和无产阶级思想、马列主义基本理论的教育,以使盟员提高对敌宣传的实际能力。二是通过各种方式进行对敌宣传。通过国际广播电台向日本人民进行日语广播,进行反战争、反侵略的宣传。与第三厅第七处合作,利用香港转来的日本报纸和杂志来研究日本的政治、军事、经济和社会各方面问题,并据此编辑出版了大量对敌宣传品,还创办了杂志《真理之斗争》。与中国电影制片厂合作,以日俘山本薰等28人为主要演员拍摄反战宣传影片《东亚之光》,在重庆、新加坡、马尼拉等地上映。此外,"反战同盟"重庆总部组织了前线工作队,于1940年9月在鹿地亘带领下到宜昌前线开展了4个月的对敌宣传工作。他们潜伏在与日军相距仅两三百米的最前线进行反战宣传,用扩音器喊话,唱怀乡曲、反战歌,散发大量反战宣传品。后来,"反战同盟"重庆总部还派出人员建立了"反战同盟"洛阳支部、西北支部、第五战区支部等组织。在鹿地亘的带领下,"反战同盟"重庆总部一度有成为中国反战运动指挥中心的趋势。

随着国共摩擦加剧,受政治上倾向共产党的第三厅指导管辖的"反战同盟"受到国民党政府的干扰和限制。"反战同盟"西南支部和总部的成立及其活动一直由郭沫若指导,具体工作由冯乃超协助,其间一度隶属政治部二厅。按照1940年3月23日政治部训令:"特派杜心如(时任政治部主任,后接替康泽任政治部第二厅厅长)为该同盟总部总顾问,郭沫若、汪洽民、汪洪法、邹任之为顾问,指定汪洽民、汪洪法两员常驻在该总部协助一切工作。"②文工会成立后,由郭沫若提议,"反战同盟"被归属于文工会管辖。皖南事变后,"反战同盟"的工作受到严重破坏。政治气氛的紧张在日俘中产生了严重的消极影响,部分通过改造思想发生转变的日俘思想出现了动摇。随后发生的"八俘房逃亡"事件成为"反战同盟"被限制行动、盟员被送回俘虏收容所的导火索。1941年8月,政治部下令解散"反战同盟",虽然通过争取得

---

① 《在华日人反战革命同盟会发表宣言纲领》,载《新华日报》,1940年7月24日,转引自〔日〕小林清:《在华日人反战组织史话》,社会科学文献出版社1987年版,第21页。

② 鹿地亘资料调查刊行会编:《日本人民反战同盟资料》第4卷,不二出版1994年版,第66页,转引自〔日〕井上桂子:《鹿地亘的反战思想与反战活动》,吉林大学出版社2008年版,第133页。

以保留,但已名存实亡。不久,"反战同盟"重庆总部和西南支部的全体盟员被送到当时已迁往贵州镇远的第二俘虏收容所(仍名"和平村")实行再训练,在"和平村"前院组建成立了"在华日本人民反战同盟会和平村训练班"(简称"反战同盟和平村训练班",后改为"在华日本人民反战同盟和平村工作队"),并与一般战俘隔离开来,直至1944年冬"和平村"迁往重庆巴县鹿角为止。此后,"反战同盟"的工作在相当长的时期内陷于停顿或半停顿状态。通过郭沫若和鹿地亘的努力,国民党当局同意在政治部设立"军事委员会政治部鹿地研究室"(以下简称"鹿地研究室"),以慰留鹿地亘夫妇专门从事敌情研究工作。从此,"反战同盟"被分成了重庆的鹿地研究室和镇远"和平村"的训练班两个部分来开展工作。鹿地亘夫妇与文工会第三组(敌情研究组)合作,出版《鹿地研究室报》,编印日文报刊资料《敌情研究》,收录日本电台新闻并汇编出刊《敌情参考资料》等专刊,提供了很多有价值的对敌宣传和敌情研究资料。同时,设法与在镇远的盟员取得联系。据统计,从1942年初到1944年上半年,镇远盟员送到重庆鹿地亘或文工会手中的宣传品有150种以上。

因贵州战局严峻,1944年军政部第二俘虏收容所从镇远迁至重庆鹿角,仍名"和平村"。"反战同盟和平村训练班"的盟员在此组建了"反战同盟和平村日本民主革命工作队",鹿地亘也经常来此看望他们。1945年6月1日,民主革命工作队召开全体同志大会,通过了队员誓词、纲领和章程。其《队规纲要》如下:"目的是'本队将打倒天皇制军事独裁政治机构,建立起真正的自由日本民主政府,广泛地与民主同盟国家协作,建设世界的永久和平'。其机构为:①以队员大会为最高机构。②队员大会选举队长一名,'队副'一名,区队长三名,班长九名(任期三个月),组成队长联席会议。工作任务为:①收集敌方资料提供给'盟军';②通过文章、广播、电影、戏剧等开展对敌宣传工作,指导日本军队以及(日本)国内人民爆发革命;④派遣革命特殊工作队,协助'盟军'作战;④与国内外日本革命团体联合协作,谋求革命的基本力量的扩大,促进日本临时革命政府的建立。训练内容为精神训话,理论训练,体育训练。惩罚条例规定败坏本队的名誉、违反各项规定的人'经大会三分之二的赞成'进行处罚。"[1]他们每天的工作安排如下表：

重庆"和平村"日本民主革命工作队每日工作时间表

	6—7点	9点半—10点半	讲师	11—13点	14点半—15点半	讲师	18—19点
星期一	新闻解说	时事座谈会	秋月	工艺制作	日本历史	安田	军规教练
星期二	新闻解说	三民主义	何管理员	工艺制作	《中国之命运》	朱管理员	
星期三	新闻解说	中文	舒管理员	工艺制作	日本历史	安田	军规教练
星期四	新闻解说	革命战略、战术	长谷川	工艺制作	国际问题	秋山	
星期五	新闻解说	中文	舒翻译	工艺制作	革命战略、战术	长谷川	抗战歌曲练习等
星期六	新闻解说	精神讲话	所长	工艺制作	讨论会		

（资料来源：和平村日人民主政治研究会：《备忘录》(1946年1月)，《日本人民反战同盟资料》第10卷，不二出版1995年版，第104页，转引自：〔日〕菊池一隆：《日本人反战士兵与日中战争——与重庆国民政府地区俘虏收容所相关的情况》，香港光大出版社2006年版，第185页。）

1946年，反战同盟全体盟员返回日本，反战同盟解散。

（二）在华日本人民反战同盟与军政部第二俘虏收容所的关系

在华日本人反战同盟成立的一个主要目的是教育、改造日俘，其成员大多来自各俘虏收容所。可以说，在华日本人民反战同盟直接参与了军政部第二俘虏收容所的日俘改造工作，这贯穿于军政部第二俘虏收容所的不同时期。

在常德第二俘虏收容所时期，虽然当时在华日本人民反战同盟还未成立，但鹿地亘"奉派前往常德，于视察俘虏感化工作外，更将对敌俘作恳切有效之宣传"[2]，已经开始对日俘进行宣传、感化工作。他根据这次考察的情况提出了全新计划，主张改变之前仅仅将俘虏隔离在收容所的消极政策，建议

---

[1] 〔日〕菊池一隆：《日本人反战士兵与日中战争——与重庆国民政府地区俘虏收容所相关的情况》，香港光大出版社2006年版，第184页。

[2] 卷宗号772-11783，中国第二历史档案馆，转引自〔日〕井上桂子：《鹿地亘的反战思想与反战活动》，吉林大学出版社2008年版，第106页。

要对日俘进行思想改造,并成立反战组织以支援抗战,让思想转变的日俘参加到反战组织中来,最终提出了组织在华日本人民反战同盟的方案。

在镇远第二俘房收容所时期,原同盟总部的7名盟员和西南支部的16名盟员于1941年9月被送到镇远后,"在代理所长孙必亨的同意下组织'训练班',坚持反战思想。10月就开始在收容所壁上糊'壁报'向'村民'(俘房)宣传同盟的活动"①。训练班在镇远期间,开展了不少活动:一是编印反战刊物。他们创办了日文刊物《呼声》《新日本》,创办日文反战壁报《人民有号角》《人民潮》《人民的战鼓》月刊,通过揭露日军侵华罪行以感化日俘,号召其参与反战活动。二是协助镇远第二俘房收容所教育改造日俘。例如:1943年秋,组建"和平村新生活协会",下设剧团,演出自编日语反战话剧《狼火》《呼潮》《长江春寒》《白日梦》《望儿归》等;组建文艺社团群像社,编印反战文艺杂志《群像》月刊。先后于1943年11月1日、1944年2月29日在"和平村"组建"《东亚先锋》友之会""《和平先锋》友之会",协助所方创办日文刊物《东亚先锋》《和平先锋》。1943年7月31日召开在华日人反法西斯统一准备讨论会,筹备成立在华日人反法西斯统一战线,企盼"和平村"成为"日本人民革命的温床"。三是多次组织日俘成立工作队到抗战前线喊话,对日军进行反战宣传。通过训练班的努力,该所的"反战同盟"盟员由50余人扩大到137名,占该所日俘总数的35.4%。②

在重庆第二俘房收容所时期,成立了"和平村教育队",队员共90人,都是经过严格挑选的。全队分为3个区队,第一区队长为长谷川敏三,第二区队长为秋山龙一,第三区队长为林诚,这3人都是"反战同盟"的盟员。"和平村教育队"成立后,积极协助俘房收容所的工作,通过各种训练项目开展对日俘的启蒙工作,例如:"发行传阅杂志《战影》,并制作一般启蒙用的墙报,进行新闻解说;收集对敌、国际、教育各方面的资料;开展依靠工艺自力更生

---

① 鹿地亘资料调查刊行会编:《日本人民反战同盟资料》第10卷,不二出版1995年版,第31页,转引自〔日〕井上桂子:《鹿地亘的反战思想与反战活动》,吉林大学出版社2008年版,第186页。
② 参考中共贵州省委党史研究室、贵州省档案馆编著:《贵州省抗战损失调查(上)》,中共党史出版社2010年版,第35页。

的工作;举办研究会、讨论会、互相批评会等等。"①

军政部第二俘虏收容所重庆分所成立后,鹿地亘夫妇于1939年夏天来此与日俘交流,给日俘发放慰问品,同日俘一起进行棒球游戏,并作国际形势报告。两周后,鹿地亘夫妇和郭沫若、冯乃超、绿川英子等人再次访问"博爱村"。郭沫若向日俘进行了讲演,并召开了以"日本前线士兵的心境"为发言主旨的座谈会。这几次交流,教育感化了日俘,推动了在华日本人民反战同盟会重庆总部的组建。

第二节 日本战俘营旧址现状调查与价值评估

一、日本战俘营旧址现状调查②

目前,重庆挂牌保护的日本战俘营旧址主要是红旗日本战俘营旧址和鹿角日本战俘营旧址这两个重庆市级文物保护单位。在成为市级文物保护单位前,这两处建筑缺乏有效的保护,人为改建或拆除较多,原有空间布局发生了很大改变,甚至一度成为了危房。

(一)红旗日本战俘营旧址现状调查

红旗日本战俘营旧址位于重庆巴南区南泉街道红旗村刘家湾,始建于清朝道光年间,原为周姓地主的庄园。据资料记载,该旧址坐西向东,占地面积5980平方米,建筑面积3900平方米,原为四合院布局,有10多个天井、8个朝门,屋脊交错连接。解放后,该处房屋分配给无房居民居住,大部分建筑物被人为改建或拆除,建筑原有布局被改变。据实地勘查得知,该处建筑总占地面积约7000平方米,现存建筑的总建筑面积为302平方米。建筑物

---

① 〔日〕菊池一隆:《日本人反战士兵与日中战争——与重庆国民政府地区俘虏收容所相关的情况》,香港光大出版社2006年版,第181页。
② 该部分日本战俘营旧址现状主要来源于《重庆市文物局第七批全国重点文物保护单位申报登记表[军政部第二(日军)俘虏收容所旧址]》,重庆市巴南区文物管理所委托重庆大学规划设计研究院有限公司、重庆大学建筑城规学院制作的《南泉日本战俘营(红旗日本战俘营)保护规划》,重庆市巴南区文物管理所委托重庆市天逸城市规划设计有限公司制作的《重庆南泉博爱村日本战俘营旧址修缮方案》(第3稿),重庆市巴南区文物管理所委托重庆匠轩园林仿古建筑设计有限公司制作的《巴南区南泉日本战俘(鹿角日本战俘)营修缮保护方案说明》。

整体自西向东逐级升高,分别为马道、前院、正房、堂屋。可清晰地看出整个庄园以中轴对称布局,分为前后两个院落,左右为厢房,是个小四合院。现存建筑遗址主要为北前厢房、北后厢房、堂屋、南厢房、后花园以及朝门,资料中记载的礼堂、后期扩建营房等建筑在现场除勘察到部分洋瓦以外,无其他任何遗迹可寻。留存的各建筑部分的具体保存现状如下:

1. 北后厢房

现存一排四间建筑。根据建筑的用材可看出原建筑为三间,西侧端头一间系后人增改建,即北后厢房文物建筑现存三间。东侧两间处于第三台地,有二层阁楼,西侧一间处于第四台地无阁楼(三间建筑屋脊为同一高度)。三间建筑面阔11.8米,进深四柱一土墙5.0米,通高6.2米(第四台地量起),建筑面积103平方米。穿斗式木结构,填充墙为竹编墙,单檐双坡小青瓦屋面(无瓦当勾头滴水,檐口下装封檐板),东侧两间水泥地面,其余为素土夯实地面。南侧立面均设鼓形柱础,其余为连磉石,整个建筑木构件未作漆饰。

西侧一间闲置,室内堆满杂物,东侧两间有人居住。此厢房改动较大,如北侧加建建筑,南侧立面被改建为砖墙,门窗均被改为现代门窗。上部屋架歪闪严重,瓦面普遍严重漏雨,木构件、楼板普遍糟朽、沉降、变形、檩条下沉。

2. 北前厢房

现存两间一层建筑,面阔9.95米,进深7.9米,通高6.2米,建筑面积78.6平方米。抬梁式木结构,梁下设竹编墙,外围为夯土墙,单檐双坡小青瓦屋面(无瓦当勾头滴水,檐口下装封檐板),素土夯实地面,立柱设六边形柱础,整个建筑木构件未作漆饰。

该建筑目前处于闲置状态,室内堆满杂物。南侧一间有人居住,条石门洞被封堵,东侧山墙与外侧围墙共用一堵墙。由于东侧一间屋面和墙体坍塌,用石棉瓦改搭建为单坡屋面。上部屋架歪闪严重,瓦面普遍严重漏雨,木构件、楼板普遍糟朽、沉降、变形、檩条下沉。

3. 堂屋

现存两间,一间为明间,面阔5.8米,另一间为南次间,面阔4.5米(次间设有二层阁楼),进深八柱九檩10.4米,通高6.9米,建筑面积154平方米。穿斗式木结构,填充墙分为竹编墙和木板拼装墙两种,单檐双坡小青瓦屋面(无瓦当勾头滴水,檐口下装封檐板)。室内为三合土地面。明间和次间前设有檐廊宽2.6米,廊顶设云托鹤颈椽以及卷棚,廊道地面为青石板铺墁(现为素土夯实地面),廊前坎处辅有石质雕花栏杆。东侧看面均设鼓形柱础,其余为连磉石。整个建筑木构件未作漆饰。

目前明间闲置,堆满杂物,门扇糟朽严重。南边次间有人居住,门为后人改建,窗户棂条部分缺失,烟熏漆黑。南边次间前廊改建为厨房,后檐加建部分建筑。上部屋架歪闪严重,瓦面普遍严重漏雨,木构件、楼板普遍糟朽、沉降、变形、檩条下沉。地面铺装无存,现为素土夯实地面。门窗均不能正常开闭。

4.南厢房

现存五间一层建筑,面阔17.3米,进深4.8米,通高6.1米,建筑面积83平方米,抬梁式木结构、夯土墙,单檐双坡小青瓦屋面(无瓦当勾头滴水,檐口下装封檐板),其余素土夯实地面,立柱设鼓形柱础,整个建筑木构件未作漆饰。

东侧两间建筑屋面坍塌,现用于养鸡,其他三间屋中间一间有人居住,

红旗日本战俘营旧址左侧遗留建筑的院门(图片来源:《重庆市文物局第七批全国重点文物保护单位申报登记表[军政部第二(日军)俘虏收容所旧址]》)

两间无人居住,室内堆满杂物,中间一间后侧有加建部分。上部屋架歪闪严重,瓦面普遍严重漏雨,木构件、楼板普遍糟朽、沉降、变形、檩条下沉,南侧立面门窗均被改建且不能正常开闭。

5. 后花园朝门

位于南后厢房南侧,面阔约11.4米,通高5.48米,墙厚0.28米,青砖砌筑,小青瓦墙帽,窗洞上槛断裂,窗洞垮塌,窗花缺失,窗洞被封堵。

6. 排水系统

总体由西向东排水。院内由天井(院坝)收集雨水通过暗沟往北排出室外。整组建筑水沟均为青条石砌成。院坝(天井)海墁石地面雨水自然流放,排水坡约为1%。天井内设圆形勾头,原有排水沟仅有一处位于堂屋西侧,其余均为后人改增建。

(二)鹿角日本战俘营旧址现状调查

鹿角日本战俘营旧址位于重庆市巴南区南泉街道和平村梁家边社。该建筑物始建于清道光年间,坐东北向西南,以层层抬升的方式在中轴线上建有两重四合院,建筑为穿斗单檐悬山式和穿斗抬梁单檐悬山式。此建筑原为彭姓地主的庄园,1944年被国民政府军政部第二俘房收容所征用,抗战胜

鹿角日本战俘营旧址操场一角(图片来源:《重庆市文物局第七批全国重点文物保护单位申报登记表[军政部第二(日军)俘房收容所旧址]》)

利后该处被废弃闲置。解放后,该建筑被分配给当地村民居住。由于年限已久,加上自然风雨病虫侵害,缺乏保护,逐渐被当地居民拆除或改建为砖混结构建筑。新增的建筑挤压、抢占了战俘营原有的建筑及空间格局,尤其是人为的乱搭乱建对建筑造成不可恢复的破坏。由于没有合理规划,没有合理的排水系统、消防系统、防雷设施,建筑存在着很大的安全隐患。2009年进行第三次全国可移动文物普查时发现该处建筑物留存建筑遗址3处,共7间,占地面积2312.22平方米,建筑面积1812.2平方米。目前,该处建筑已完成征地,划归南泉卫生院使用和管理,但是征地拆迁对建筑的破坏亦十分严重,战俘营曾经使用过的清代木构建筑大部分遭到拆除,目前还有局部条石基础尚存,石、木构件部分保存。

现存文物建筑面积约486平方米,只剩下4间残缺不全的危房建筑(2栋穿斗式木结构建筑,2栋土木混合结构建筑)及1座朝门。现存建筑依次为外朝门、前院、穿堂屋、后堂等,在穿堂屋两边分别设有厢房。现在残存的屋面、屋架、墙体等地面以上部分改建为砖混结构,后整体拆除,地面以下残存部分原有基础。原有台基被建筑垃圾覆盖,经勘探勉强可以分辨,石材缺失、磨损风化非常严重,破损超过90%。台阶大部分损毁,排水沟被建筑垃圾覆盖,清理后可以辨别少部分。

(三)日本战俘营旧址的修缮保护情况

在成为市级文物保护单位之前,这两处旧址几乎从未维修过,缺乏有效的保护,建筑物处于一直损毁的状态。2013年,因鹿角日本战俘营及周边地块被巴南区南泉卫生院征用,导致文物建筑被拆迁,引起社会和各级政府对这两处旧址的极大关注。重庆市领导高度重视红旗日本战俘营旧址和鹿角日本战俘营旧址的保护工作,责成巴南区政府尽快对战俘营采取必要措施进行修缮保护。现在,这两处战俘营旧址已经纳入重庆市文物局27处督察项目。

受巴南区文物管理所的委托,在查阅有关资料、实地勘查和走访知情人士后,重庆大学规划设计研究院有限公司、重庆大学建筑城规学院编制了《南泉日本战俘营(红旗日本战俘营)保护规划》,重庆市天逸城市规划设计有限公司编制了《重庆南泉博爱村日本战俘营旧址修缮方案》(第3稿),重庆匠轩园林仿古建筑设计有限公司编制了《巴南区南泉日本战俘(鹿角日本战俘)营修缮保护方案说明》，为这两处旧址设计了有针对性的维修保护方案，目前正在施工中。

其中，红旗日本战俘营旧址的保护工程大致可分为两方面：一是针对现存的文物建筑本体的修缮工程。根据建筑物损毁的程度，分别采取不同的修缮措施。如对现存两间堂屋表面局部残损、污染的构件或部件，采取修缮加固如替补、修整、表面清洗等措施；对存在残损大木构件的北前厢房和北后厢房，根据结构构件的破损程度或表面残缺状态，可采取结构加固、打牮拨正、替换墩接等技术措施；南后厢房部分屋面严重破碎，缺少必要的防水保护层，屋面渗漏现象严重，可进行屋面揭顶与加固维修。对现存的文物建筑以外的其他文物遗存如堡坎、石梯、天井、残墙等应当按照最小干预、可识别的保护措施维修。二是以文物的原真性为前提，对文物建筑在原来的基址上进行修复，以求恢复其历史形制风貌。根据相关资料，目前计划分为上、中、下三台复原战俘营：第一台为居民描述的大朝门、文献记载的大操场、北前厢房组成的小四合院和由北前厢房对称而来的南前厢房；第二台中间为居民描述的数间过厅、北后厢房组成的几个小四合院、南后厢房组成的四合院和后花园；第三台地中间为正房5间和两侧对称的耳房。同时，还将结合战俘营的空间和流线，遵循中间服务两侧的功能布置原则，复原出战俘关押区、战俘思想教育区、守卫生活区、休闲阅览区、厨房后勤区、站岗放哨间、卫生间、战俘劳作区、管理会议区、探监室、医疗室、禁闭室、操场等10余个主要功能区。此外，还将对后期加建、改建的，并影响到红旗日本战俘营旧址文物建筑本体的使用及保护的非文物建筑予以拆除或改建，使其整体使用功能与建筑风貌得到有效整饬与改善。

完成抢险加固的红旗日本战俘营旧址(图片来源：巴南区文管所)

目前,红旗日本战俘营旧址保护工程计划投入资金3000多万用于居民搬迁和旧址维修,搬迁由巴南区政府负责,修缮由重庆市文物局出资,已于2016年9月完成抢险加固。

鹿角日本战俘营旧址此次的保护修缮工程主要是在现存文物建筑大部分已经损毁,剩余部分被改建或拆除的情况下,根据勘察发掘,结合现存资料,对建筑主体进行保护修缮。在遵循对原状部分最大程度采取加固修缮,对符合使用要求的原建筑构件将继续原物原位使用,对无法原位使用的构件按照大料小用的原则继续使用于建筑其他部位以及加固设计须满足对外开放、展览展示、接待游客要求的前提下,建筑格局主要按照对原有基础进行考古勘探的结论进行复原布置;建筑风格主要按照川东民居建筑的风格恢复文物建筑的原状,根据鹿角战俘营现存地基础以及周边地形地貌的相互位置关系将其恢复成为一个完整的院落,并结合战俘营的特点进行复建设计,以利于今后的利用和展示。

此次修缮工程的内容主要包括:按川东民居的风格整体复建整个文物建筑主体及其附属部分,同时,根据战俘营的特点,调整主体建筑的门窗、房间布局等,并且增加岗亭、哨位等元素。例如,门厅、厢房、后厅、过厅等部分,屋面将采用传统小青瓦,增加柔性防水层;屋架将采用传统川东民居典型的穿斗结构;墙体将采用传统木装板墙;地面铺设青石;地基将修缮其原

修缮完工的鹿角战俘营旧址(图片来源:巴南区文管所)

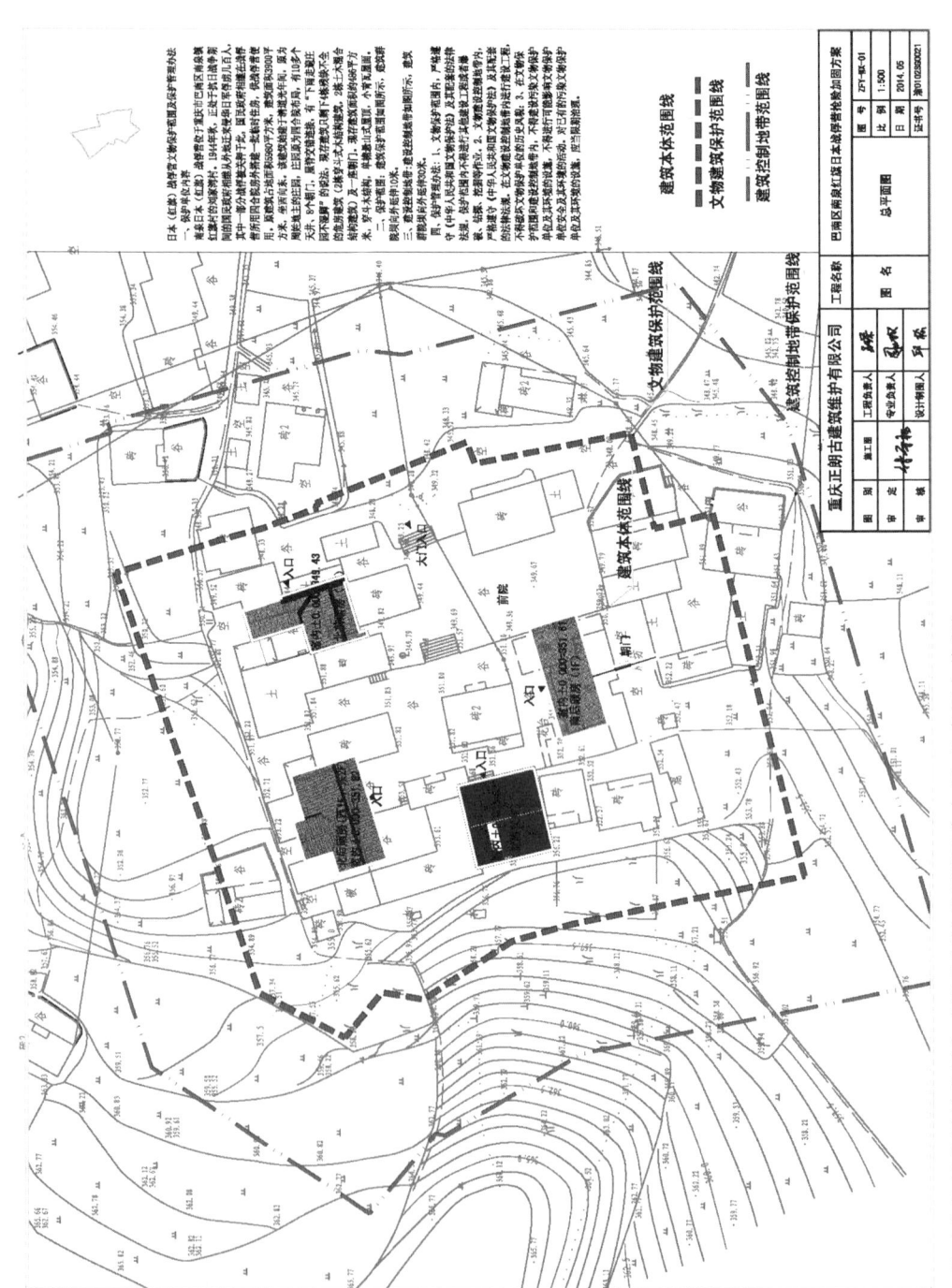

红旗日本战俘营保护范围和建设控制地带图（图片来源：巴南区文管所）

鹿角日本战俘营保护范围和建设控制地带图（图片来源：巴南区文管所）

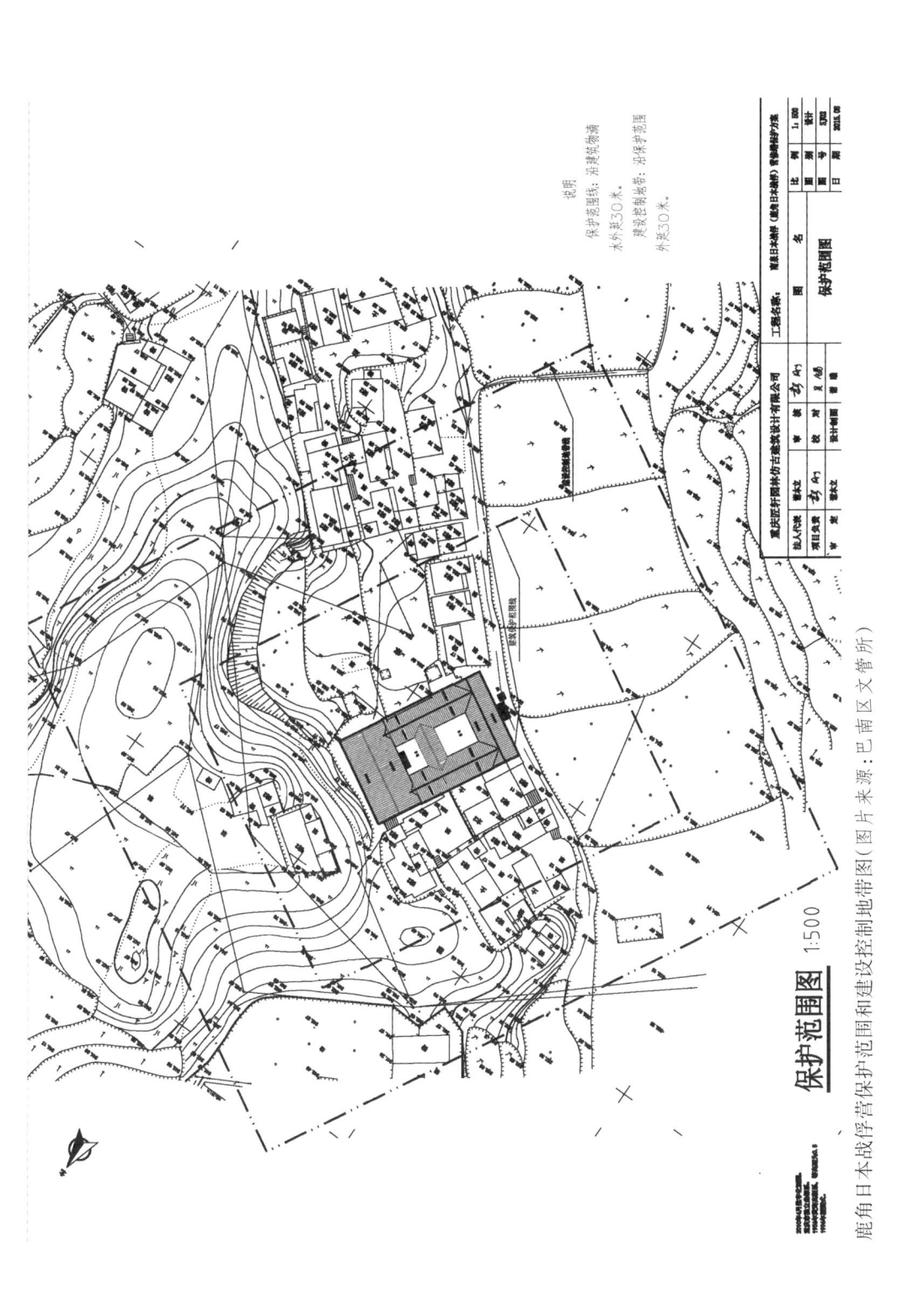

有基础,原样补充缺失部分;门窗及其他装饰构件将按照战俘营的历史照片进行复建。此外,还将沿屋脊布置避雷带,按设计标高重新砌筑台基和台阶,按原有布局重新布置排水沟,按设计样式新建岗亭及哨位,并且新设干粉灭火器等消防设施设备。同时,应完善管网布置,实行雨污分流,解决文物建筑内生活污水排放对文物环境的污染问题。建筑供水、排水、供电等基础设施的改造应依据规划和建筑修缮后的使用要求,并密切结合周边的城市现有供电、给排水网络,统一进行设计与施工,并加强日常检查和管理。施工时,必须同时对建筑物给排水、电器照明(强、弱电)、消防、防雷等系统工程的施工密切配合,及时预留、预埋管线,不得随意穿墙打洞。此次工程仅涉及门厅、厢房、过厅、后厅等建筑物,不涉及周边环境整治等。修缮后鹿角日本战俘营旧址建筑面积892.1平方米,占地面积1000平方米。目前,鹿角日本战俘营旧址的保护工程由巴南区政府投入资金360万元,于2017年12月修缮完工,2018年上半年完成周边环境整治。

此外,在进行旧址修缮保护的过程中,巴南区文物管理部门已初步划定了文物建筑保护范围及建设控制地带:红旗日本战俘营旧址核心保护范围总面积为3736平方米,建设控制地带范围为3050平方米,环境协调区范围为8364平方米;鹿角日本战俘营旧址保护范围线为沿建筑物滴水外延30米,建设控制地带为沿保护范围外延30米。

二、日本战俘营旧址的重要价值

(一)历史价值

红旗日本战俘营旧址和鹿角日本战俘营旧址是见证抗日战争的重要实物。抗战期间,这两处旧址是国民政府关押日本战俘的专门性战俘营,是开展教育感化、改造日本战俘的重要场所,同时也是在华日本人反战同盟盟员的孵化地,是日本帝国主义侵略中国罪行的物证,在此,产生了一批有影响的电影、歌剧、小说,如《东亚之光》《人性的复活》等优秀作品,深刻地揭露了日本军国主义的侵华暴行,捍卫了正义和文明;开展抗战救亡和反战宣传,团结了包括关押的被教育感化的日本战俘在内的很大一批国内外反战人士。习近平总书记指出,文物承载灿烂文明,传承历史文化,维系民族精神,是老祖宗留给我们的宝贵遗产,是加强社会主义精神文明建设的深厚滋养。作为全国现存少有的关押日军战俘的两处战俘营,它们是人们回顾抗战历史、接受爱国主义教育的重要场所,将其保护好、利用好,对深化民族认同,进行爱国主义教育,具有十分重要的现实意义。这两处旧址,可以让游览者在参观时直观了解抗战历史,在游览的过程中做到"让历史说话,用史实发言"。

红旗日本战俘营旧址和鹿角日本战俘营旧址是弘扬中国人道主义精神、热爱和平的载体。通过对战俘营旧址的考察发现,红旗日本战俘营旧址没有铁丝电网,没有布满残酷刑具的审讯室,没有碉楼,有供战俘休息娱乐的活动室、运动场、丰富生活的劳作室等,可以突显出我国富有人道主义精神的战俘营功能形态。在这两处战俘营旧址,发生了在华日本人反战同盟会的成立及其活动、抗战电影拍摄、群众对日本战俘的友善帮助、中华人民共和国成立后日俘和其子女多次从日本回重庆探访等等一系列重要事迹,均体现了中国人民的人道主义精神,对于呈现中华民族热爱和平、推动中日友好的美好愿望,具有不可替代的作用。

(二)科学价值

红旗日本战俘营旧址和鹿角日本战俘营旧址均为清代道光年间修建的庄园,是清代中期巴渝地区建筑的杰出代表。从旧址现存的建筑物和地基可以看出,其建筑形制保留了清代传统庄园的特征,建筑布局、结构、用材十分讲究,做工精细,建筑环境同周边地理环境完美结合,展现了重庆清代中期建筑的独特神韵,具有较强的时代色彩。其内部建筑在结构构架形式上,采用抬梁构架与穿斗构架组合的形式,充分满足不同功能的构筑技术要求;在大木构架用材上,有机地将木构件、石材与土融为一体,构件在构架技术上巧妙地将中国传统木构技术与石构技术结合;建筑的檐口出挑采用撑栱,并运用具有地方特色的抬梁构架与穿斗构架结合等建筑技术,是研究重庆地区清代建筑风格、技术发展演变的重要实物资料,在城市规划、建筑、园林设计等方面有较高的研究价值。

(三)艺术价值

红旗日本战俘营旧址和鹿角日本战俘营旧址具有较高的艺术价值。从勘查到的地基可以看出,建筑物呈中轴线对称布局,顺应地势,充分体现出重庆巴渝建筑的特点。整个庄园气势宏大,建筑平面柱网排列规范,各个院落重重叠叠,井然有序,房舍疏密有致,鳞次栉比,浑然一体,做工精良,造型朴实。其留存的石刻和木刻等建筑构件,是巴渝地区清代建筑工艺的体现。以红旗战俘营旧址留存的建筑构件为例,柱顶石多为六棱形,浅浮雕花卉、人物、神兽等,精巧美观;门簪浮雕浮云、蝙蝠,房屋两檐装隔扇门及槛窗,形式古朴典雅,新颖大方;花窗以打磨光滑的细木条装成多棱形、小方格、卍字、冰裂纹等,雕琢细腻,工艺精湛;裙板常浮雕瓶花、山水、盆景、仙林鸟兽或吉祥文字等。

(四)旅游价值

红旗日本战俘营旧址和鹿角日本战俘营旧址具有丰富的旅游价值。抗战时期,重庆是中国的战时首都、中共中央南方局所在地和抗日民族统一战线的重要政治舞台,也是世界反法西斯战争东方战场统帅部所在地,在中国人民抗日战争和世界反法西斯战争中具有重要的历史地位。这给重庆留下了大量的抗战遗址遗迹,形成了重庆独特的抗战文化。目前,不少抗战纪念地利用抗战遗址遗迹发展红色旅游,取得了不错的经济收益,拉动了当地经济的发展,同时也使游客在游玩中自然地接受了爱国主义教育。红旗日本战俘营旧址和南泉日本战俘营旧址是重庆抗战遗址遗迹的重要组成部分,在全国范围来看,日军战俘营旧址现存数目较少,具有稀缺性,所以它是巴南区一处优质的抗战旅游资源,在重庆抗战旅游资源中具有重要意义。此外,这两处日本战俘营旧址紧邻南温泉旅游景区,该区域植被茂密,风光优美,抗战时期众多党政要人的别墅、蒋介石校长官邸、孔祥熙官邸以及国民党中央政治大学等都设在此地,可以开发成为一个抗战旅游片区。大力保护这两处战俘营旧址,开发其旅游价值,对实现重庆旅游业的快速发展,促进巴南区的区域经济建设和产业结构调整都具有非常重要的意义。

第三节 日本战俘营旧址的保护利用建议

一、"二战"战俘营遗址遗迹保护利用的典型案例分析

红旗日本战俘营旧址和鹿角战俘营旧址位于重庆市巴南区南泉街道，属于重庆主城区，周边自然风光优美。目前，这两处旧址已经引起政府和社会的广泛关注，对其的修缮保护正在进行。为更好地开展对其保护利用，有必要选取同类型的遗址遗迹加以分析，为其日后发展提供有益的借鉴。下文试图通过分析目前已知较著名的"二战"战俘营遗址遗迹，即国内贵州镇远的"和平村"旧址、沈阳盟军战俘营旧址及国外波兰的奥斯维辛集中营的保护利用情况来达到借鉴的目的。

（一）镇远"和平村"旧址保护利用案例分析

1. 基本概况

"和平村"旧址，位于贵州省镇远县舞阳镇和平街150号，原为清代镇远总兵署中营衙门，后改造成国民政府贵州省第二模范监狱。"和平村"，是国民政府军政部第二俘虏收容所的别称，1938年成立于湖南常德，1938年12月迁至贵州镇远，1944年12月迁至重庆巴县。镇远"和平村"曾先后关押日军战俘600余人，占地面积6422平方米，东西宽77米，南北长83.4米，院墙高8米，正门临街，由前院和后院组成，有办公楼、礼堂、医务室、监禁室、哑子室、米库、厨房及监视塔等单体建筑14栋。[1]

2. 保护情况[2]

1982年8月28日，日本友好访华团访问镇远"和平村"，其成员都是曾经关押在此的日本战俘。他们向陪同的县领导提出了恢复"和平村"原貌的建

---

[1]《第二批国家级抗战纪念设施遗址名录公布　和平村上榜》，http://news.163.com/15/0826/16/B1V4RJSR00014AEE.html

[2] 镇远和平村旧址的保护情况介绍主要参考刘兴明：《和平村的保护与申报"国保"始末》；政协黔东南苗族侗族自治州委员会编、黄明光主编：《光辉岁月：黔东南州改革开放30年纪实》，云南出版集团公司2008年版；《镇远150万元修缮"和平村"旧址》，http://www.qdnrm.com/a/qiandongnanxinwen/shidian/2010/0704/6440.html

议,并表示会提供原貌草图以供参考。此次访问引起了镇远县委、县政府的重视,1984年6月,"和平村"旧址被镇远县人民政府公布为第二批县级保护单位,开始受到法律保护。1985年11月,"和平村"被贵州省人民政府公布为第二批省级文物保护单位。1986年4月,镇远县人民政府向贵州省人民政府申请拨款维修"和平村"。6月,贵州省文化厅文物处下拨15万元专款,按照长谷川敏三等人绘制的草图重建了"和平村"前院七开间二进深二层的办公大楼。1987年10月,贵州省文化厅文物处再次拨款6万元恢复了"和平村"前院靠土墙大门两侧的卫兵室、米库、哑子室等建筑,"和平村"前院一期工程告一段落。1998年,镇远县人民政府投入巨资将消防大队和妇幼保健站搬出了"和平村"。1999年1月,贵州省文化厅文物局拨出5万元专款,修复了"和平村"后院靠山处倒塌的围墙,同时拆除了消防大队遗留下的建筑物。2000年申报第五批国家重点文物保护单位失败后,镇远县人民政府加大了"和平村"的保护力度,于2001年3月拆除了妇幼保健站、卫生局、防疫站等单位在"和平村"旧址修建的部分办公楼、宿舍、厨房、厕所和车库等杂乱建筑,并从紧张的财政资金中拨款50余万元复原了"和平村"后院主体建筑大礼堂,很大程度上恢复了"和平村"的原貌。2006年5月25日,镇远"和平村"被国务院批准为全国重点文物保护单位。2010年,镇远县投入150余万元实施了"和平村"旧址纪念馆免费开放配套设施建设工程与改陈布展工程,主要复原建设旧址事务室、水井亭、禁闭室、围墙等。此外,还增设消防设施,并对旧址大礼堂内部陈列展览设施进行完善。同年3月,成为贵州爱国主义教育基地。2015年8月24日,"和平村"旧址被国务院公布为第二批100处国家级抗战纪念设施、遗址。

3. 发展利用情况

镇远为贵州著名古城,其建置最早可追溯到战国时期的公元前277年,早在1986年即被国务院确定为第二批国家级历史文化名城。抗战时期遗留下来的"和平村"旧址是镇远古城文化中不可或缺的一个重要部分。目前,"和平村"旧址的利用方式主要是作为陈列馆向游客免费开放。2010年在礼堂旧址构建专题陈列馆,2015年镇远"和平村"陈列馆正式开馆,日接待量500余人次。"和平村"旧址以"全国唯一保存完整的关押日军战俘的正式战俘营"为宣传定位,主要展示其作为日军战俘收容所在镇远前后存在近6年间的历史,并与附近的中共地下党活动旧址(即周达文故居,又称周公馆)联合起来形成文物群,开展以和平和革命英雄主义为主要内容的教育及展示,打造红色旅游。

4. 主要启示

在保护时,可以申报国家重点文物保护单位为动力,积极加强对遗址遗迹的修缮保护。要注意按照原址原样修复,如资金不够可以分批次进行。"和平村"旧址正是在申报国家重点文物保护单位的过程中,不断投入资金,对旧址进行原貌恢复,逐步完善和升级设施及陈列展览。

在开发利用时,要结合周边资源进行整合,更好地实现其价值。做好定位及宣传,打造品牌。作为镇远古城文化中不可或缺的一部分,"和平村"旧址的开发利用与周边资源紧密结合,同周达文故居共同构成了"和平村"旧址文物群,成为镇远古镇游中一个重要的旅游景点。

(二)沈阳二战盟军战俘营旧址保护利用案例分析①

1. 基本概况

沈阳二战盟军战俘营旧址,原名奉天俘虏收容所,位于沈阳市大东区地坛街30—3号,设立于1942年12月16日,是"二战"时期太平洋战争期间日本在中国大陆设立的唯一一所专门关押英美等国盟军战俘的大型战俘营。据现在已知的资料记载,从1942年到1945年日本宣布投降为止,该战俘营先后关押了来自美国、英国、加拿大、新西兰、澳大利亚、荷兰等6个国家的战俘2000余名。现存的主要建筑有一号战俘营房及盥洗室等附属建筑,日军守卫营房及其附属建筑,战俘营医院以及水塔、锅炉房烟囱及部分围墙等。

2. 保护情况

1995年,日本人在华盛顿大学举办了一个以广岛和长崎遭受原子弹轰炸所受巨大损失为内容的大型展览,遭到了一些美国"二战"幸存老兵的反对。部分老兵提到了他们当年在奉天俘虏收容所的悲惨遭遇。消息传到国内后,引起社会各界对沈阳二战盟军战俘营旧址的广泛关注,有专家学者提

---

① 对于沈阳二战盟军战俘营旧址的保护及利用情况主要参考刘长江:《沈阳二战盟军战俘营旧址保护研究的回顾与展望》,载《"九一八"研究》,2014年第十四辑。

出了建立"二战盟军战俘营纪念馆"的倡议。美国的这些战俘老兵分别于2003年、2004年、2005年、2007年及2008年到沈阳二战盟军战俘营旧址进行了回访。

为加强对旧址的保护,2005年,沈阳二战盟军战俘营旧址被沈阳市政府公布为市级文物保护单位,同时责成沈阳市建委、规划局、文物局等相关单位对旧址尚存建筑进行部分腾退,还对日军办公用房、一号战俘营房等建筑进行了简单维修。沈阳二战盟军战俘营旧址也受到了国家领导人的高度重视。2006年6月26日,原国务委员唐家璇专程视察了战俘营旧址,对做好旧址保护利用工作作出重要指示:"保护好这个战俘营旧址,做好陈列展览,很有意义。要进一步把史实的细节整理、考证准确,补充更多的历史资料和实物,教育后人不忘战争的灾难,更加珍惜来之不易的和平,努力建设美好和谐家园。"不久,时任中共中央政治局常委李长春亲临现场并作了"一定要把遗址保护好"的重要指示。外交部前部长李肇星也曾亲自到场视察。2007年,沈阳市政府正式确定二战盟军战俘营旧址保护及陈列馆为重点建设工程,分为三期进行建设,由沈阳市城乡建设委员会主抓,沈阳市文物局具体负责旧址保护和陈列馆建设工作。2008年,沈阳二战盟军战俘营旧址被辽宁省政府公布为省级文物保护单位。2013年3月,被国务院公布为第七批全国重点文物保护单位。2013年5月18日,沈阳二战盟军战俘营旧址陈列馆正式向公众开放。2015年8月24日,沈阳二战盟军战俘营旧址被国务院公布为第二批100处国家级抗战纪念设施、遗址。2017年12月,被辽宁省委宣传部正式公示为辽宁省第三批爱国主义教育示范基地。

3.发展利用情况

目前,沈阳二战盟军战俘营旧址的利用方式是作为陈列馆面向广大游客。陈列馆除上述提到的建筑遗存外,新建了史实陈列馆和纪念广场。展陈内容分为基本史实陈列、专题展览以及遗址场景复原陈列3个部分。基本史实陈列运用场景复原、电子地图、沙盘、视频播放等各种展示手段将历史照片、文物、雕塑及国内外相关文献档案资料等进行有机组合,多方位展示了沈阳二战盟军战俘营从设立到被盟军接收的历史。遗址场景复原陈列分为两部分:一是根据战俘老兵的现场回忆和历史资料的记载,对一号战俘营房及其附属建筑盥洗室进行了历史复原;二是对当时的日军守卫营房进行了部分复原。专题展览有两个:一个是利用一号战俘营房的一楼空间展出的"战俘笔下的战俘营"专题展览,展示了当时关押在此的3名战俘根据战俘营日常生活创作的70余幅漫画;另一个则是在利用日军守卫营房部分空间辟出的临时展厅里展出的"中国抗战中的国际友人"专题展览,运用大量历史照片展示了白求恩、柯棣华、王安娜、史沫特莱、陈纳德、斯诺等国际友人为中国抗战作出的卓越贡献。在基本陈列厅和一号战俘营房之间的空地上修建了纪念广场,以供参观者举行纪念活动。

沈阳二战盟军战俘营旧址陈列馆还成立了中国近现代史史料学学会沈阳二战盟军战俘营研究中心,积极开展沈阳二战盟军战俘营历史的研究工作,尤其是在2008年10月发起召开了"中国及太平洋抗战与战俘问题国际学术研讨会",扩大了沈阳二战盟军战俘营旧址的影响,取得了丰硕的学术成果,为陈列展览奠定了坚实的学术基础。

4. 启示

在对此类尘封多年的旧址进行保护时要进行广泛宣传,取得政府与社会各界的支持,同时制定好保护方案。如果工程量较大或所需资金较多,可以分批次进行维修。沈阳二战盟军战俘营的相关事迹在1995年以前湮没于历史长河中,不为国内所知。在美国"二战"老兵提起后,国内外新闻媒体对此作了大量专题报道,如《沈阳晚报》《辽沈晚报》《纽约时报》、中央电视台、美国CNN电视台及美国当地华人报刊等均对此进行报道,在国内外引起巨大反响,得到了各级领导的重视。同时,政府将其作为重要建设项目制定了保护方案,指定了相关单位具体负责,确保沈阳二战盟军战俘营旧址保护工作的落实。

在发展利用时,除了传统的改造为陈列馆面向公众开放的方式外,还可以作为纪念活动场所开展纪念活动。同时可以旧址为依托,开展学术研究,召开学术会议,进行国际交流,提高知名度。此外,沈阳二战盟军战俘营旧址采用了现代科技手段进行布展,展品和展示手段多元,广泛使用语音导览,使观众可以获得更好的参观体验。

(三)奥斯维辛集中营保护利用案例分析

1.基本概况

奥斯维辛集中营是波兰南部奥斯维辛市附近大小40多个集中营的总称,是"二战"期间纳粹德国修建的最大的集中营,用于消灭欧洲的犹太人,是希特勒种族灭绝政策的执行地。1940年4月27日由纳粹德国党卫军领导人亨利希·希姆莱下令建造,控制面积达40平方公里,主要包括3个集中营:奥斯维辛主营、布热津卡营和莫诺维策营。1942年至1944年间,德军还建立了约40个规模较小的集中营,归属莫诺维策营管辖。从1940年到1945年,至少有110万人在此被德国法西斯杀害,有"死亡工厂"之称。1945年1月27日,苏联红军解放了奥斯维辛集中营,包括130名儿童在内的7000余名幸存者获救。目前,这些集中营均保持原貌,奥斯维辛主营、布热津卡营作为博物馆对公众开放。

2.保护情况

1947年,波兰国会立法把奥斯维辛集中营改为纪念纳粹大屠杀的国家博物馆,展出揭露希特勒党卫军在集中营犯下的种种罪行的实证和图片,包括他们从囚徒身上掠夺的财物,以及囚徒在集中营进行地下斗争的各种实物和资料。1979年,联合国教科文组织将奥斯维辛集中营列入世界文化遗产名录,以警示人类战争的罪恶和世界和平的可贵。2007年,联合国教科文组织把集中营命名为"奥斯维辛-比克瑙德国纳粹集中和灭绝营(1940—1945年)"。[①]

除了被立法保护和被纳入各级保护名录外,奥斯维辛集中营的保护工作能够长期有效实施还有赖于专业的科研支撑、具有针对性的保护计划以及长期稳定充足的资金支持。奥斯维辛集中营国家博物馆拥有自己的保护实验室,能够针对不同类型的物品进行专业的保护研究,还根据不同的保护对象制订了详细的具有针对性的可行性保护方案,这为保护工作能够持续系统开展提供了可靠的技术支持。奥斯维辛集中营保护工作的持续进行离不开强大的资金支持。奥斯维辛-比克瑙基金会于2009年成立,其目的在于

[①] Auschwitz–Birkenau German Nazi Concentration and Extermination Camp (1940—1945),转引自汤芳菲:《奥斯维辛集中营世界文化遗产保护的启示》,载《北京规划建设》,2016年第4期。

为奥斯维辛集中营文化遗产的保护提供长期稳定的资金来源。基金会的资金来源于波兰、德国、奥地利、美国等各国政府的财政支持,以及国际组织、非政府组织等各方的捐助,总额达到1.2亿欧元。资金不直接使用于遗产保护,而是用于投资,以保障每年能够产生400万至500万欧元的收入,将年度投资收益稳定地投入到文化遗产的养护中。①

3.发展利用情况

作为对公众开放的奥斯维辛集中营国家博物馆,一直秉持着绝不破坏"历史原貌"的建馆理念。对外开放的奥斯维辛主营和布热津卡营面积共计191公顷,包括了155幢建筑,营房、毒气室、焚尸炉、铁丝网、哨所看台、石子路、绞刑架、铁路专用线等设施以及火车站、专用火车、用来掩盖大屠杀设施的一些特殊安排的树林等与纳粹大屠杀相关的要素都被系统地保护下来,竭力保持着当年的原貌。博物馆、纪念馆常有的显眼馆门在此并未建立。

奥斯维辛集中营在展示上也坚持对真实历史的呈现,没有修建新的建筑,以营区的部分宿舍作为展陈场所。展品大量运用遇难者遗留的物品,如头发、鞋子、拐杖、眼镜等,将其密集陈列,同原址环境相结合,营造出一种震撼人心、身临其境的真实氛围。

4.启示

虽然重庆的红旗日本战俘营旧址、鹿角日本战俘营旧址与奥斯维辛集中营旧址的建筑体量、关押人数、对战俘的管理方式以及影响力相去甚远,但同为战俘营旧址,仍能从中得到一些保护利用方面的启发。例如,可以通过立法和纳入各级保护名录以扩大遗址的影响力和知名度,在条件允许的情况下可以考虑建立专门的保护实验室来进行专业的藏品保护,制订有针对性的保护计划来进行特定区域遗址遗迹的修缮保护,从政府和社会力量等多种渠道争取到长期稳定充足的资金支持。开发利用应秉持原貌原样保护理念,不要以大兴土木的方式新建大体量展馆,要最大程度地展现遗址原貌,以物示人,将旧址蕴藏的历史文化内涵通过恰当的展示方式呈现给观众,这样才能做到"让历史说话",给来访者以最真实的感受,使其有身临其

---

① 汤芳菲:《奥斯维辛集中营世界文化遗产保护的启示》,载《北京规划建设》,2016年第4期。

境的震撼感觉。

二、比较视野下日本战俘营旧址的保护利用建议

（一）日本战俘营旧址的使用现状分析

1.自然与人文情况

红旗日本战俘营旧址位于重庆市巴南区南泉街道红旗村刘家湾，东经106°33′57.2″、北纬29°27′06.6″，海拔高程为326米（正厅前天井内），坐西向东。鹿角日本战俘营旧址位于重庆市巴南区南泉街道和平村梁家边组，东经106°36′39.8″、北纬29°26′34.9″，海拔高程为342米（前厅天井院内），坐东北向西南。

这两处旧址所在的巴南区是重庆市市级山水园林城区，植被丰富、温泉遍布，文物、风景园林、旅游资源丰富。南泉街道地处亚热带湿润气候区，全年气候温和，雨量充沛，四季分明，季风性气候显著。辖区内的南温泉风景区是著名的市级风景名胜区之一，幅员21平方公里，其中核心景区4.8平方公里。景区内的特色资源是温泉，主要景点有南泉十二景、解放重庆主战场遗址、南泉抗战遗址群和宗教文化场所等。[①]该两处旧址紧邻南温泉风景区，植被丰富、风光秀美。

2.保护利用现状

2007年9月开展的第三次全国文物普查工作中，重庆市将重庆抗战遗址的调查、登录作为重庆市第三次全国文物普查专项试点工作。在调查工作中，巴南区文管所发现并确定位于巴南区南泉镇（现南泉街道）刘家湾、鹿角梁家边的军政部第二俘虏收容所旧址为巴南区的不可移动文物点。2009年12月，红旗日本战俘营和鹿角日本战俘营组成南泉战俘营被重庆市人民政府公布为重庆市第二批文物保护单位，并在此统一设立了保护标志。同年，该旧址被重庆市文物局推荐为第七批全国重点文物保护单位，不过未能申报成功。

在发展利用方面，作为对外开放的文物保护单位，南泉日本战俘营旧址

[①]《走进南泉》，http://www.nanquancqbn.gov.cn/html/xxly/jqjs/15/09/145.html

还未进行开发利用,仍维持着一种原生态的状态:未纳入定点旅游接待,缺少有效的管理和宣传,在全国的知名度不够高,游客数量少;展示空间不足,展示环境不完善,交通不够便利,缺乏必要的展示规划;尚未打造成爱国主义教育基地,没有开展过相关的教育、纪念活动,缺乏对爱国主义教育资源的收集、研究和整理,也没有配备专业机构和专业人员专门从事专业工作。

(二)南泉日本战俘营旧址的保护利用建议

1.提高重视程度,完善管理制度

在遗址保护的体制上,中国体现的是专家不断地呼吁与政府批示的发展历程,因此基本上是自上而下的单向行政管理制度为保护制度的核心,而相应的法律与资金保障体系则很不完善。[1]受国内文物建筑管理保护体制所限,作为挂牌保护、受政府相关部门管理的市级文物保护单位,南泉日本战俘营旧址的保护利用力度和成效很大程度上依赖于政府的重视程度。这种状况也是国内文物建筑保护利用工作的普遍现象。像镇远"和平村"旧址和沈阳二战盟军战俘营旧址,均是在政府的高度重视和大量资金投入下,才有了现在显著的保护利用成果。目前,南泉日本战俘营旧址在政府的重视下投入了大量财政资金进行修缮保护,但现在仅是对建筑本体进行施工,要想达到镇远"和平村"旧址和沈阳盟军战俘营旧址那样对公众开放的程度,仍旧需要政府加强重视程度,在后续的日常维护管理和陈列馆设置过程中继续进行政策和资金的支持。在提高政府重视程度的同时,还要加大宣传力度,普及相关法律法规和保护常识,多方参与,使大众认识到该旧址的重要意义,形成全社会共同保护的局面,从而自觉对其进行保护。

要使政府对南泉日本战俘营旧址保护利用工作的相应政策得以贯彻,管理维护和发展活动得到落实,必须要完善管理制度。目前,红旗日本战俘营旧址产权和使用权分散在当地村民手中、鹿角战俘营旧址产权和使用权归南泉卫生院所有,巴南区文管所只负责文物安全管理。该两处旧址缺乏统一的管理机构和管理机制,缺少专门的文物管理人员、专门的文物管理用房以及专门的文物安全管理监控系统等文物建筑保护所需的人员和设施设

---

[1] 王林:《中外历史文化遗产保护制度比较》,载《城市规划》,2000年第8期,第51页。

备。政府应当明确该两处旧址的主要责任单位,设置专门的管理机构,配备专业的管理人员,专门负责红旗日本战俘营旧址和鹿角日本战俘营旧址的各项事务,并协调好政府其他部门配合落实。最好能够成立一个由主管领导牵头、相关部门负责人共同参与的机构,以便于保护利用工作的有效开展。

2. 坚持整旧如旧,做到原样原貌保护利用

遗址保护与开发利用的原则是对遗址进行合理修复、整合、开发的根本准则和基本要求,它对遗址的存在样态及其走向起着重要作用。[1]对于这个问题,有些学者认可《中华人民共和国文物保护法》中"保护为主、抢救第一、合理利用、加强管理"的方针,也有学者提出了"整体性保护""元真性展示""体现特色""整旧如旧""可逆性"[2]等五个基本原则。笔者认为,对于抗战遗址的维修保护,应忠实于原貌,遵循整旧如旧的原则,否则,文物就失去了价值。

从上文分析的三个同类型遗址的保护利用方式来看,它们均遵循了整旧如旧的原则:镇远"和平村"旧址根据当时关押于此的日俘提供的建筑布局草图开展了修缮工作;沈阳二战盟军战俘营旧址在对原有建筑进行修缮时,尽力保护其原有空间和恢复其原始的真实面貌,如将营房和残墙的外饰面铲除,露出原红砖;波兰奥斯维辛集中营更是原滋原味保存了当时的建筑,在其战后60多年建馆史上,从未建过一处新馆。这种原样原貌保存下来的遗址对观众的震撼力是相当强大的,可以使人身临其境,更好地铭记历史。因此,对于南泉日本战俘营旧址的保护,建议在修缮前通过走访调查周边群众收集口述材料,查找包括老照片和影像资料在内的相关资料考证核实,通过现场清理、勘探、取样、实地测绘、照相等步骤和方法制订出适合的维修方案;修缮过程中使用合适的建筑材料和建筑工艺,以便做到真实还原旧址原貌。

为社会公益而使用文物建筑有利于它的保护。将失去原有功能的抗战建筑作为博物馆、纪念馆、陈列馆来使用,是文物建筑的活力保持延续性的最佳方式。[3]上文选取的三处遗址在开发利用时均采取了改造为陈列馆或

---

[1] 黄晓东、张荣祥主编:《重庆抗战遗址遗迹保护研究》,重庆出版社2013年版,第44页。
[2] 权东计、朱海峡:《大遗址保护与遗址文化产业发展》,陕西人民出版社2007年版,第95页。
[3] 杜春兰、李燕:《重庆抗战遗址的保护与利用研究》,载《重庆建筑大学学报》,2008年第5期。

博物馆的形式来面向公众开放。它们在设计陈列布展时仍遵循了原样原貌发展利用的原则。镇远"和平村"旧址及波兰奥斯维辛集中营的陈列展厅均设于旧址建筑中,沈阳二战盟军战俘营旧址则根据战俘老兵的现场回忆和历史资料的记载进行场景复原。建议南泉日本战俘营旧址在修缮结束后,从旧址的建筑物中选取合适的空间进行改造,进行陈列展览。

3.找准自身定位,实施品牌打造

全国有多处抗战遗址遗迹,根据第三次全国文物普查的资料显示,仅重庆现存的抗战遗址遗迹就有395处。在当今抗战遗址遗迹同质化严重、可替代性日益增强的情况下,要脱颖而出、为公众周知,必须要找准自身定位,打造出独有的品牌。品牌定位作为品牌化战略的前期步骤,对品牌化的成功至关重要。

镇远"和平村"旧址以"全国唯一保存完整的关押日军战俘的正式战俘营"为宣传定位;沈阳二战盟军战俘营旧址在最初的报道中以"东方奥斯维辛集中营"为名;波兰奥斯维辛集中营以"死亡工厂"闻名于世,一部《辛德勒的名单》更是让它的这个别称深入人心。作为全国现存的仅有的两处日军战俘营旧址之一(另一处为镇远"和平村"旧址),且是最大的一处,南泉日本战俘营旧址可以"全国现存最大的日本战俘营"为宣传口号;作为抗战时期沈起予所写长篇报告文学《人性的恢复》的发生地(红旗日本战俘营旧址),可以"抗战时期日军人性恢复之地"为宣传口号;作为抗战时期著名电影《东亚之光》的拍摄地和参演人员的关押场所(红旗日本战俘营旧址),可以从电影拍摄的相关角度进行宣传;作为体现中国人道主义精神、反映中日人民友好的载体,可以从建设爱国主义教育基地的角度出发进行宣传和开发利用。此外,有鉴于国内同类型的抗战遗址如镇远"和平村"旧址和沈阳二战盟军战俘营均被公布为了全国重点文物保护单位和国家级抗战纪念设施、遗址,南泉日本战俘营旧址应以此为目标和动力,以入选的标准来打造自身软硬件设施和进行开发利用。以上宣传和开发利用角度仅是笔者的一些浅见,建议在对该旧址定位和宣传时,能够综合各方面进行考虑,提出能够让人印象深刻又独特的宣传方案,将南泉日本战俘营旧址打造成为重庆抗战遗址遗迹里的名牌。

4.进行资源整合,发展旅游经济

南泉日本战俘营旧址是重庆抗战文化的载体之一,是一处有价值的人文旅游资源,若能开发利用得当,可以创造可观的经济效益。目前,经过多年的快速发展后,中国旅游业已经进入了一个相对成熟的时期,简单的旅游资源开发模式和千篇一律的景区旅游项目越来越难以满足游客的胃口。当旅游业发展到一定阶段后,旅游资源的整合是必然的,也是必要的。通过资源整合,不仅可以强化旅游主题、鲜明旅游形象,还能够增强整体实力、提高旅游产品的竞争力。镇远"和平村"旧址就和周边的周文达故居相整合,共同成为镇远旅游资源中的一个重要环节——抗战旅游资源。这不仅丰富了镇远旅游资源的类型,也提升了镇远"和平村"旧址在旅游市场的竞争力。

南泉日本战俘营旧址所在的南泉街道拥有丰富的抗战遗址遗迹,这也是可观的旅游资源。建议南泉日本战俘营旧址和南泉抗战遗址群进行资源整合,确立"抗战文化游"的旅游主题形象,围绕这一主题进行宣传推广和环境及基础设施建设,以便减少公共设施的重复建设。同时,将这几处分散于南泉街道区域内的抗战遗址点串联起来,形成南泉抗战文化游的旅游线路整体推出,这可以形成集群效应,共享客源市场,丰富旅游内容,避免无序竞争,提高对游客的吸引力和旅行社运作的可行性。此外,该区域还拥有丰富的温泉资源,可以将温泉游与抗战文化游相结合,形成更完整的旅游产业链,推动南泉区域旅游产业的发展。

三、小结

随着文化旅游成为旅游市场的新热点,游客对文化旅游产品的要求日益提高,单纯的走马观花式的游览方式已不能满足游客的需求。在这种趋势下,南泉日本战俘营旧址的保护利用在遵从原样原貌保护利用的同时,应该更深入地挖掘其背后的文化内涵,将其与周边景点整合起来,打造出具有自身特点的品牌,以期给游客提供高质量的游览体验,使文物建筑在利用中延续活力。

第二章

库里申科烈士墓的保护与利用研究

格里戈里·阿基莫维奇·库里申科和他的苏联空军志愿队,受苏联政府派遣,不远万里来到中国,帮助中国人民抗击日本帝国主义的侵略,并在战斗中献出了宝贵的生命。在华期间,他同中国人民并肩作战,在抗击日本法西斯侵略的战争中创下了无数的英雄战绩,对日寇的侵略给予坚决还击,鼓舞了灾难中的中国人民,坚定了中国人民抗击日寇的信心,值得中国人民永远怀念和祭奠。正如著名诗人方敬在《库里申科之歌》中写到的那样:"这条大江从我家乡流过,就在这里库里申科壮烈牺牲,为了赞颂这永恒不朽的生命,江水日夜唱着中苏友好的歌……这条大江从我家乡流过,感激地仰望着十月革命的圣火,永记着为中国战斗过的库里申科,江水日夜唱着中苏友好的歌。"库里申科援华抗日的事迹受到中国前后几代领导人的赞扬,中国人民没有忘记这位英雄,用长达半世纪的守护来表达对烈士的感恩之情。环境优美、绿树成荫的库里申科烈士墓园就是中苏两国人民共同抗击日本法西斯侵略的见证。

对库里申科烈士墓的研究主要分为史实资料研究和纪念设施研究两部分。

据不完全统计,80多年来,中国(包括台湾地区)出版发表的相关学术、通俗类的史学论著、新闻稿、资料集、回忆录、日记等各种体裁的作品有270余件。这些文章详细介绍了库里申科和苏联志愿航空队的英雄事迹,收集了大量的珍贵文字和图片资料,具有重要的研究与参考价值。

就目前的研究现状而言,有关库里申科及苏联志愿航空队的史实资料研究论述较多,但这些研究成果大多是针对史实资料的收集,真正深入的专题历史研究论著并不多,非严格意义上的史学研究。而对库里申科纪念设施的研究成果还未出现。从这个角度来看,本课题的研究仍然是薄弱环节,这正是本书所要展开讨论的。

第一节　库里申科烈士墓历史信息基础研究

一、抗战前期苏联空军援华的基本情况

（一）抗战前期苏联空军援华的背景

苏联援助中国抗战是在特殊的历史背景下进行的。进入20世纪30年代以后，国际法西斯势力不断恶性膨胀，德、日、意三个法西斯战争策源地逐渐形成，此时的日本不仅要称霸东亚，而且还觊觎苏联的西伯利亚。自1931年的九一八事变东北抗战开始，积贫积弱的旧中国倾尽全力抵抗日本法西斯侵略，由于双方力量悬殊，付出了巨大代价，急需援助。对于苏联来说，积极援助中国抗日，以牵制日本，准备全力对付更加危险的德国可能发动的侵苏战争，避免东西两翼作战，是比较明智的选择。此时的中国国民政府，在日本步步侵略、民族危机的严重时刻，也意识到与苏联恢复外交关系的重要性，"与俄复交，为外交上运用之阵容，使日人注意侵略东北之心，有所顾忌"。[①]此后，经过中苏双方的共同努力，终于在1932年12月12日正式恢复了外交关系。

中苏复交后，中国为了应付即将到来的全面抗日战争的局面，努力寻求外援，"苏联为远东唯一大国，且为陆军国家"，与中国接壤，"故中国唯一可找之朋友为苏联"[②]；苏联出于避免东西两线作战的目标考虑，既要避免与日本直接冲突、介入中日战争，同时也不希望出现中国迅速被打败，日本得以利用中国巨大的人力、物力资源进攻苏联的局面，"如果中国被征服，一个强大的可使用中国巨大的人力、物力资源的日本将对它构成重大威胁"[③]，因

[①]《苏俄评论》第1—2期，转引自张小强：《〈中苏互不侵犯条约〉的签订及对中国的影响——兼评1941年〈苏日中立条约〉》，载《钦州学刊》，第13卷第2期，第59页。

[②]《卢沟桥事变与平津抗战（资料选编）》，转引自张小强：《〈中苏互不侵犯条约〉的签订及对中国的影响——兼评1941年〈苏日中立条约〉》，载《钦州学刊》，第13卷第2期，第59页。

[③]陶文钊、杨奎松、王建朗主编：《抗日战争时期中国对外关系》，中共党史出版社1995年版，第966页，转引自张小强：《〈中苏互不侵犯条约〉的签订及对中国的影响——兼评1941年〈苏日中立条约〉》，载《钦州学刊》，第13卷第2期，第59页。

此,从道义上、军事物资上、人力上给予中国支持,从而坚定中国的抗战决心,增强中国的抗战力量,也就成了苏联对华政策的重点。双方为此进行了长时间的艰难谈判和磋商,最终于1937年8月21日在南京签订了《中苏互不侵犯条约》和《军事技术援助协定》。

条约的签订,得到了中国各界的普遍欢迎,鼓舞了中国人民的抗战斗志,坚定了中国人民的抗战决心,正如当时中苏友好协会会长孙科所说,条约的签订"有着十分重大的意义,一方面表明了苏联对中国的友好态度,对于我们在艰苦奋斗中的人民自是一种精神上的鼓励;另一方面无疑坦白地告诉日本侵略者,他们对这种不义的举动是绝不同情的"。更为重要的是,条约的签订扫除了苏联对华军事援助的障碍,"苏联对中国的军火援助随即开始"[①]。

(二)抗日战争期间苏联对华援助

1.政治、道义、外交上的支持

苏联的国内媒体纷纷谴责日本侵略者的野蛮行径,支持中国人民的正义斗争。"九一八"事变爆发后,世界各国人民竞相谴责日本的侵略战争,坚决支持中国人民抗击日本法西斯的正义斗争,但是各国政府基于各自的利益,则对此作出了不同的反应。与一些资本主义国家对日本侵华所采取的绥靖主义的态度和政策形成鲜明对照的是,社会主义国家苏联基于对被压迫民族的同情和自身安全的考虑,在道义上始终是同情和支持中国的。

"七七"事变爆发后,苏联政府一直关注着中国的抗日战争。从1937年7月9日开始,苏联《真理报》多次进行报道:"卢沟桥事变系日挑起,中国军队乃迫于自卫进行反击";"中国对日本侵略的抵抗……受到人民的支持,为人民的利益而战的军队是不可战胜的";"这就是战争要保护国际和平,这就是要使法西斯强盗在西班牙和中国遭受失败"。《布尔什维克》杂志1939年第21期也写道:"中国人民聚集了新的力量继续为自由独立而英勇斗争,日本强盗距离胜利仍然像战争第一天那样遥远,最终胜利必定属于中国人民。"

[①] 王正华:《抗战时期外国对华军事援助》,环球书局1987年版,第104页。

2. 经济贷款和军事援助

苏联援华军火的绝大部分是利用苏联对华信用贷款支付的。抗日战争期间,中苏间达成三笔对华信用贷款协议。

从抗战爆发到苏德战争前,中国利用这些贷款购买的苏联军用物资以空军和陆军的装备为主,其中又以飞机、大炮、重机关枪为重要项目。据统计,从1937年9月到1941年6月苏德战争爆发,苏联向中国提供飞机924架(其中轰炸机318架,驱逐机562架,教练机44架),坦克82辆,牵引车602辆,汽车1516辆,大炮1140门,轻重机枪9720挺,步枪5万支,子弹1.8亿发,炸弹31600颗,炮弹约200万发,以及一些军事物资。[1]

为了给中国源源不断地输送抗战急需的军事物资,苏联动用了大量的人力和物力。据统计,不间断地为中国运送军事物资的苏联人员先后达4000多人。

3. 派遣志愿飞行员援华作战

在中国抗日战争爆发的最初阶段,德国向中国提供了大量军事装备及军事顾问人员,"迨抗日战争爆发时,我国已有将近三十万之部队接受德国式的训练和装备,另有三十万人亦计划于短期内采用德国步兵师的编制与配备","八月十三日淞沪战争开始,蒋委员长以德国顾问训练的中央军投入战场。第八十七师与八十八师不仅有德国顾问配属其中……同时,德国顾问都处于作战计划的策定……总顾问法尔肯豪森责无旁贷地在上海指导中国军队作战"。[2] 以至于致日本和西方人士将上海保卫战称为"德国战争"。然而随着德、意、日三个轴心政治联盟的形成,1938年5月3日德国政府明令禁止军火运往中国,5月21日下令在华军事顾问一律返国。

随着德国对华军事援助的停止,蒋介石请求斯大林派得力顾问来华协助。鉴于中国战事的日益紧张,斯大林任命日加诺夫为苏联空军援华志愿队的高级顾问,具体负责组建苏联空军志愿队。1937年11月,苏联空军援华志愿队正式成立,共有5个航空队,即2个驱逐队、2个轻轰队、1个重型轰炸

---

[1] 张小强:《〈中苏互不侵犯条约〉的签订及对中国的影响——兼评1941〈苏日中立条约〉》,载《钦州学刊》,1998年第13卷第2期,第60页。

[2] 王正华:《抗战时期外国对华军事援助》,环球书局1987年版,第68、72页。

机队。随机而来的有最熟练最优秀的飞机机械师和飞行员,计有飞行员256人、轰炸员120人、机械员280人、通信员86人、仪表员6人。

武汉沦陷后,1939年6月,苏联又向中国派出由库里申科和科茨洛夫两个大队长率领的两个重型轰炸机大队,共装备36架重型轰炸机。

其后,苏联又陆续向中国派遣了几批飞机和飞行员,最多时达到8个飞行大队。

为避免过分刺激日本,所有人员都是以志愿队队员的身份前来中国协助抗战。他们均经过严格的挑选,拥有丰富的战斗经验和理论素养,受过严格的保密教育。为了保密,所有援华航空队的飞机上苏联空军的徽标被抹去,漆上国民政府的青天白日徽;所有人员的身份保密,莫斯科市民严禁讨论此事。"因俄方一切保守秘密,活动记载极为有限,甚至人员的姓名都用化名"[①]。

苏联航空志愿队来到中国后,经过短暂训练便迅速飞往抗日前线,与中国人民一道共同抗击日本侵略者,在保卫南京、武汉、重庆等经济中心和战略要地的战斗中,取得了辉煌战绩。

1937年12月1日,苏联航空志愿队大队长普罗科菲耶夫率领的第一批苏联志愿飞行员刚在南京机场着陆,就遭到日本飞机的突然来袭,苏联战斗机连续5次紧急升空,第二、三天又继续作战,3天时间击落日机近20架。12月2日,科茨洛夫到达南京的第二天,就率领9架飞机编队轰炸了停泊在上海水域的日本舰船,炸沉巡洋舰1艘,还有6艘其他舰船。在这场战斗中,苏联志愿飞行员初露锋芒,表现出了杰出的战斗本领。

南京沦陷后,苏联航空志愿队撤离到了南昌、汉口、衡阳等地,先后参加了武汉大空战和远袭台北松山机场的轰炸。

1938年2月18日,日军12架重型轰炸机和26架战斗机从南京、无锡等地起飞,企图对武汉进行大规模空袭。苏联航空志愿队与中国空军第四大队并肩作战,经过激烈战斗,最终击毁日机12架,取得了武汉空战的首次胜利。

[①] 王正华:《抗战时期外国对华军事援助》,环球书局1987年版,第128页。

1938年2月，为增援上海附近的日本部队，日方开始扩建台北松山机场。为粉碎日本的图谋，国民政府决定轰炸松山机场，但孱弱的中国空军显然不能堪此重任，国民政府只好向苏联飞行航空志愿队求援。2月23日，驻守汉口的第二批苏联志愿援华航空队轰炸机中队长波留宁上尉率领轰炸机编队远袭台北松山机场，"是役炸毁日机40余架，破坏未及组装的战斗机不计其数，机场油料仓库储备的够机场使用3年的航空燃油被焚一空。东京对此次袭击极为愤怒。事后，日本驻台湾地区总督小林跻造被召回国受到厉责，松山基地指挥官被撤职，交法庭审判，不久抑郁自杀"[①]。

1938年4月29日，日本为庆祝"天长节"发动的武汉"四二九"空袭大战中，苏联空军志愿队战斗机大队长布拉戈维申斯基率战斗机群拦击日机。经过30分钟激战，中苏空军共击落日机21架，其中苏联空军击落敌机12架。

1938年5月31日，日本再次派出36架战斗机和18架轰炸机空袭武汉，布拉戈维申斯基率苏联空军志愿队和中国航空大队共同迎击，击落日机14架。

在7月16日、8月3日、8月18日的几次武汉空战中，苏、中空军共同作战，击落日机数十架，同时还多次出击轰炸芜湖、安庆、九江等处的日机、日舰，为"武汉大撤退"提供了宝贵时间。

在保卫南昌、衡阳、柳州的空战中，苏、中空军多次联合作战，不但击毁日机数十架，还击落了大名鼎鼎的日本"空中红武士"、号称海军航空兵"四大天王"之一的湖田良平。

南昌、武汉等地相继沦陷后，苏联空军志愿队分驻重庆、成都、桂林、柳州等地。

日本占领武汉后，虎伺重庆。为解除日本空军对重庆的威胁，1939年8月14日，库里申科率领轰炸大队，从成都起飞，在武汉上空与日机展开激战，击落日机6架；10月3日，苏联援华志愿航空队12架轰炸机在库里申科上校的率领下，轰炸停留在汉口丁家墩机场从日本本土过来的新式轰炸机，经过激烈战斗，据苏联方面统计，日方至少有60架飞机被完全炸毁，另有接近

---

① 刘立军：《秘密援华的苏联志愿航空队》，载《文史精华》，2010年12期，第16页。

100架受伤,日本空军苦心修整经营达一年的基地被炸得面目全非,基地司令官家原二四三严重受伤,鹿屋航空队副队长小川、梗津航空队副队长石河等4名校官和1名尉官当场被炸死,200余人负伤。10月14日,库里申科大队又一次轰炸武汉日军。对于这两次轰炸,当时中国政府"中央社"接连向全国同胞和全世界反对侵略热爱和平的人民报捷:"10月3日,我空军武汉袭击,日寇损失惨重,计炸毁日机60余架,炸死炸伤敌飞行员400余人。这是继上月29日我空军轰炸广州敌机场,毁日机数十架、敌仓库汽油被焚殆尽后,取得的又一重大胜利";"10月14日,我空军飞武汉袭击,计炸毁敌人轰炸机66架,战斗机37架,汽油库1座,内存汽油5万加仑,弹药库4所,共计弹药3万余箱,救火车3辆,汽车40多辆。并毙敌空军少佐2名,机械师60余名,及陆海官兵300余名。至少击落敌驱逐机6架,其他军事设备被炸毁者,尚不计算在内"[1]。袭击的胜利,迫使日军的飞机场从原来离战场不超过50公里的地方,一下子撤到离战场500至600公里的所谓"安全地带"。

1941年4月,苏联和日本签订了《苏日中立条约》,1941年6月德苏战争爆发,由于苏联国内战事紧张,苏联对华军事援助规模逐步缩小,苏联空军航空志愿队人员也陆续回国,后来并撤走了苏联航空志愿队。

从1937年秋到1941年,苏联志愿援华航空队采取轮换形式,4年间共派遣3665人参加中国抗战,其中包括1091名飞行员,此外还有机械师、工程师等2000余人,有200余人在训练和各类事故中牺牲,其中就包括轰炸机大队长库里申科。可以说,苏联各军区的空军指挥官、师团级军官几乎都到过中国,他们在中国抗战中得到了锻炼。他们带来的飞机共有1250架(其中包括中国利用苏联贷款购买的大批飞机)。据苏联公布的战史资料,从1937年12月在南京上空秘密参战,到1939年底基本从各地机场撤出,共有700多名志愿队员直接参加了保卫南京、武汉、南昌、成都、重庆、兰州等地的25次战役,出动飞机千余架次,击落日机数百架,炸沉日军各类船舰70余艘。此外,苏联航空志愿队还帮助中国建立了航空供应站和飞机修配厂,并创办空军学校和训练基地,为中国培养了大批军事技术人员。

---

[1] 杜之祥:《苏联援华抗日空军英雄——库里申科传奇》,国际炎黄文化出版社2003年版,第2页。

二、库里申科烈士的生平

库里申科,全名格里戈里·阿基莫维奇·库里申科(1903—1939),苏维埃共产党员,苏联援华空军志愿大队大队长。2009年9月14日,库里申科以"为中国抗战而牺牲的苏联勇士",荣膺"100位为新中国成立作出突出贡献的英雄模范人物"称号。

(一)从牧羊童成长为飞行大队长

库里申科,1903年出生在乌克兰基辅切列宾村的一个普通农奴家庭。1921年冬,父母双亡的库里申科和两个哥哥过着给富农当长工放羊的生活。

库里申科(图片来源:万州区档案馆)

1923年,在村外树林中牧羊时,库里申科遇见了来自科尔申的共青团书记,书记告诉他"我们要在切列宾村旁,组建个国营农场,欢迎你来农场干活",库里申科就成了米哈伊洛夫国营农场的第一批工人。在这里,库里申科参加了共青团。后来,被分配到基辅雅戈津糖厂,还被选为基辅雅戈津糖厂共青团支部书记。

库里申科由于工作出色,很快就被调到共青团区委作指导员,参加了苏联布尔什维克党,被党组织派到黑山马拉杰维茨区的日纳缅卡村担任农村党支部书记。

20世纪30年代初,库里申科参加了红军,成了全营的优秀战士和神枪手。6个月后,库里申科转入了空军部队,进入斯大林格勒航空学校学习。经过两年刻苦的锻炼,库里申科正式分配到空军部队工作。在执行飞行任务中,库里申科接受了极其严峻的训练,凭借在驾驶和投弹技术方面的过硬本领,被任命为飞行教练员,后又被提升为四架飞机的指挥员。1937年,库里申科当上了飞行大队长。1938年,他获得苏联政府颁发的"光荣奖章"。

库里申科从航校毕业分配到飞行团一年后,认识了在中等技术学校学习的塔玛拉,她毕业后就和库里申科结婚。当1937年库里申科当上飞行大队长的同时,他们的小女儿英娜也来到了人间。

(二)以苏联援华空军志愿大队大队长身份参加中国的抗日战争

卢沟桥事变后,日本侵略者凭借空中优势,对中国抗日前线和后方狂轰滥炸,掌握着制空权。中国空军奋力迎击,但终因飞机少,实力弱,损失严重。危难之时,苏联政府从道义、物质上支持中国人民的抗日战争,还发动志愿人员入华参加战争,共同抵抗日本帝国主义的侵略。库里申科和他的战友们都纷纷要求报名参加援华空军志愿队,库里申科代表飞行大队执笔并郑重向上级递交了《请战书》:"我们飞行大队全体指战员,一致请求参加空军志愿队,飞往中国区支援中国人民反抗日本帝国主义侵略的战争。"[1]"只要中国请求派远程轰炸机,我决心去中国支援"。

1939年1月,中国空军最高统帅机构——航空委员会迁于成都,成都作为抗战时期中国的大后方,便成了中国空军的指挥中心。空军机械、通信、军士、参谋、防空等学校先后迁来或在这里创建,并一度成立空军轰炸总队,形成了当时中国空军最大的教育、训练基地。1939年6月,库里申科受苏联政府派遣,担任援华空军志愿大队大队长,离别妻子和不到3岁的女儿。他和考兹洛夫分别率领两个都装备有先进"达莎"远程轰炸机的飞行大队,经兰州后飞抵成都。库里申科飞行大队被安排住进市区内国民政府军委会服务团招待所。

刚到达成都,库里申科就以对中国人民的深切同情和对日机狂轰滥炸中国城市的无比愤怒,紧张地投入工作中。他说道:"说实话,我像体验着我的祖国的灾难一样,体验着中国劳动人民正在遭受的灾难,每当我看到成都及附近遭到日本飞机轰炸的建筑物和因躲避空袭而逃难的人群,心里就十分难过。日本鬼子为什么要来轰炸在大路两旁田地里安详恬静劳作着的中国农民呢?""眼看过两点了,敌机还在上空盘旋。女人们、孩子们躺在野地里,不得回到家里安眠,劳动者和一切公务人员晚间不得休息,白天不能正常生产。像这种卑鄙的扰乱性质的夜袭所造成的生产上、精神上的损失是

---

[1] 杜之祥:《格里戈里·库里申科事迹》,第6页。

很大的,我们要敌人付出多倍的代价,要敌人在我们的打击下仓皇逃命。"①当库里申科与他们的地勤人员发现所在的太平寺机场跑道太短、太窄,完全不适应"达莎"这种大型而又快速的重轰炸机升降时,经过对机场地形认真勘察,向中国军方提出进行机场整改的建议:挖掉机场中间的土丘,扩大机场的面积;用砾石填铺跑道,将跑道延长1公里半。在工程施工中,库里申科和战友们从清晨一直干到深夜,冒着烈日酷暑,拼命地劳作。大家都知道,要扩建好机场,延伸长跑道,才能使停在机场各个角落的苏联飞机飞上蓝天,帮助中国打击日本空军。

成都太平寺机场扩建完后,库里申科就一面担负着训练中国空军的任务,一面直接参加空军作战。

在训练中,库里申科一次又一次地亲自带中国学员放飞,倾注了全部心血。

库里申科还对学员做思想政治工作,经常说:"飞机是国家财产,中国抗战需要飞机,从苏联运飞机到中国非常不容易,损坏一架就少一架,损坏一个零件,都要从万里之外来补充。"②他还说,苏联人民是真诚支持中国人民抗战的。对资本主义国家的教官来说,你们多损失一架飞机,他本国的资本家就多卖一架飞机,多赚中国人民一笔钱;而苏联没有资本家,我们苏联飞行员来培养中国飞行员,不是为了赚钱,而是为了支援中国人民打击侵略者。库里申科大队长严格的教学和工作作风,赢得了中国飞行员由衷的敬佩。

库里申科在中国进行训练和执行任务时,也常常思念自己的亲人,经常给她们写信。在1939年9月15日他牺牲前一个月,在给妻子和女儿的信中写道:

> 亲爱的塔玛拉和心爱的女儿英娜:
> 我很想知道你和女儿生活的一切情况,哪怕一点一滴,塔玛拉

---

① 刘群:《库里申科大队长——追记抗日战争中的苏联空军志愿队》,第6页。
② 杜之祥:《苏联援华抗日空军英雄——库里申科传奇》,国际炎黄文化出版社2003年版,第58页。

趁夏天还有货,请给英娜买件大衣和一双毡靴,并以我的名义作为礼物送给她,我很少送你们礼物,尽管很普通,希望你下次回信,把你和女儿英娜的照片一并寄给我,多给我写信,吻你!

格利沙

1939.9.15[1]

短短的话语,包含了库里申科对家人的思恋和愧疚的心情。这也是他给家人寄出的最后一封信。

(三)血洒中国长空

1939年10月3日,库里申科率领12架轰炸机从成都起飞,对刚从日本本土运来停留在汉口丁家墩机场的新式轰炸机执行轰炸任务。库里申科率领轰炸机队以迅雷不及掩耳之势俯冲轰炸停留在机场的日机,日方至少有60架飞机被完全炸毁,有100架飞机受伤,有4名校官、1名尉官被当场炸死,200余人负伤。汉口大捷战绩辉煌,创造了"二战"空战史中炸毁敌机数量第二的纪录,被称为中国空军的"台儿庄大捷"。

10月14日早上,库里申科接到作战命令,出击日军在武汉的某军事基地。库里申科大队长的指挥机后面,紧跟着11架DB-3型重型轰炸机。他们迅速确定了方位和袭击目标,完成突袭任务。

返航时,库里申科的飞机遭到3架日军战斗机的疯狂围攻。激战中,库里申科飞机的左发动机被日机击中,库里申科也受了伤。他强忍剧痛,凭借高超的飞行技术,用单发动机驾驶"达莎"沿着长江向成都返航。当飞机飞到万县上空时,机身完全失去平衡,开始下坠。当飞至万县陈家坝上空时,战机已经无法坚持,只能迫降,但陈家坝太小,而且坝子上面还有村庄,为了确保飞机和村庄的安全,库里申科最终选择在长江江面迫降。飞机沉没前,他指挥同机的两名战友脱掉飞行服泅水逃生,并在飞机沉没处做上记号,便于日后打捞。领航员杰格佳连科和射手兼无线电员安东诺夫在飞机落入长江向下漂流之际,钻出机舱,泅到了江岸。库里申科在空袭和激烈的空战中过度疲劳,加之胸部和左肩负伤,失血不少,再无力爬出机舱,与飞机一起淹

---

[1] 万州区档案馆:《历史档案案卷》。

没在滚滚的长江水中,为中国人民的抗日战争献出了年轻生命,时间定格在1939年10月14日下午2时。

几个月后,库里申科的妻子塔玛拉·阿列克谢耶夫娜正式接到苏维埃政府颁发的《军人阵亡通知书》,上面写明"格·阿·库里申科同志在执行政府任务时牺牲"。至于具体牺牲经过和安葬地点,家人并不知晓。库里申科牺牲时他的妻子塔玛拉才23岁,女儿英娜刚满3岁。

这位伟大的苏联人民的儿子,苏联援华空军志愿大队大队长库里申科,伟大的国际主义战士,中国人民的忠实朋友,把宝贵的生命献给了中国人民的抗日民族解放事业。

三、库里申科遗体的安葬与迁葬

(一)库里申科烈士遗体的安葬

1.库里申科烈士遗体的打捞

万县位于长江中上游,长江从万县城中穿流而过。当库里申科大队长驾驶的"达莎"尾冒黑烟,坠入长江万县地段时,正在躲避空难的万县民众,立即大声呼叫:"中国飞机落水了,赶快救飞行员!"并自发组织到红沙碛(万县长江边的一个地名)以及附近进行救援。由于事发地江水湍急,小船无法靠近,结果飞机向下漂流20余里后沉入银小溪(万县长江边的一个小地名,也称猫儿沱)的江底。当时停泊在万县港的中国海军军舰"同兴"号,也派出一艘小船救援。小船到达出事地点时,库里申科机组的领航员杰格佳连科和射手兼无线电员安东诺夫已游泳上岸避入岸边的岩洞中。小船上的中国士兵将他俩从洞中喊出来,问明是刚才失事的苏联飞机上的飞行员后,立即将他们迎接上小船,送到万县城内。

飞机失事后,国民政府四川省第九区行政督察专员公署、驻万县防空指挥部、万县县政府、万县警察局也立即组织船工、军警和有关部门进行救援和打捞。由于江水湍急,当天没能打捞出库里申科的遗体。

为了打捞库里申科的遗体,万县县政府函呈川江航务管理处水上保安团第一大队具体负责打捞事宜。10月15日万县防空指挥部向重庆航空委员会进行了报告:"重庆航委会:寒日午后,我机一架在万下游五十里江面降落,机沉,并溺飞行员一人,救起二人。"①10月16日万县防空指挥部向沿江的云阳、奉节、巫山、万县发出打捞函:"云阳、奉节、巫山县政府、万县县政府:查本月寒日,有本国飞机在万县附近被迫降落河中,淹毙机师一名,仰祈速知。另沿江区保甲人员妥速打捞,务获报候核示为要。"②1939年10月19日万县县政府县长赵世杰在电告万县第九区行政督察专员公署时,将飞机降落江面及人员救援情况进行了较为详细的报告:"万县第九区行政督察专员公署钧鉴:本月寒日,我机一架降落治属江中,略情业以谏电呈报在案;本府得悉该机失事后,当以电话通知沿江区保,侦察降落地点,并派科员高鸿基前往详查当时情形,设法施救。去讫。兹据该员报告称,遵查我机降落地点名银小溪,距城下游约二十里,属第四区大九乡联保管辖。据近土人声称,眼见该机于本月十四日午后二时许,经过该处时,尾冒黑烟,被迫下降,落入江中,漂流至银小溪江边,始行沉没。因该处非渡口码头,无船往救,机师三人内有二人游泳上岸,其一人淹毙河中;旋经同兴兵舰派小划一只,将上岸之机师二人接送到城,等语。职将目的地侦确后,即会同该管联保主任雇定小船二只,用牵藤坠石于江中,上下兜探,似将该机挂着,惟无识水性之人下水探视,确否难定。当派武装任务队丁四名,留守江边,禁止木船通过,并通知下游渔船沿江打捞尸体,允予从优给奖,理合报请鉴核等情。据此,赓即约集川江航务管理处空军兵站第三转运所及有关各机关,开会商讨捞救事宜,准备应用器具,物色得识水性之人数名,并由本府暂垫用费洋一百元,专派军运代办所副所长陈希伯负责设法施救,一面转电云阳、奉节两县府,在盘沱小江以及下游一带,加派船只水手截捞已毙机师尸体。去讫。惟查该机坠水甚深,施救费力,所有一切费用究应如何支报,应恳明白规定,俾资遵循。除分报航空委员会及省政府外,谨电肃请核示祗遵。"③

---

① 万州区档案馆:《历史档案案卷》,第39页,民10845号。
② 万州区档案馆:《历史档案案卷》,第40页,民10910号。
③ 万州区档案馆:《历史档案案卷》,第44—46页,民第4866号。

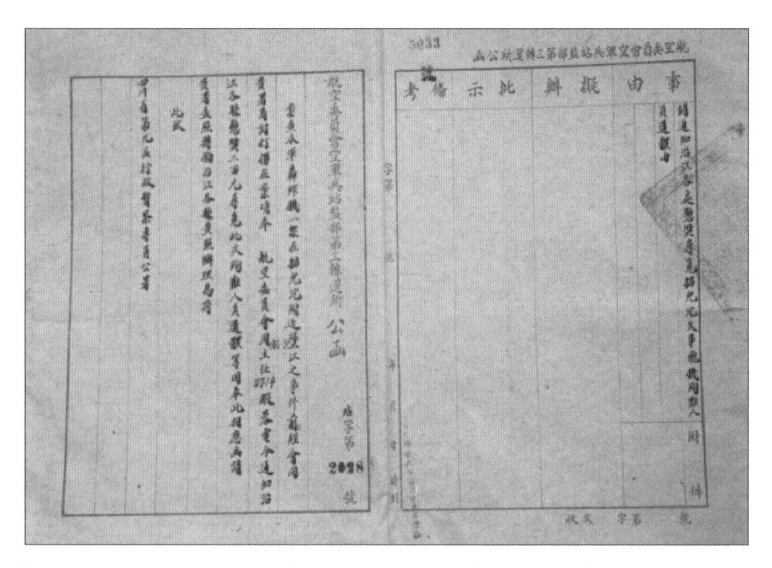

航空委员会空军兵站监部第三转运所为搜寻库里申科遗体发出的公函
（图片来源：万州区档案馆）

为了尽快将库里申科的遗体打捞出来，1939年10月29日，航空委员会空军兵站监部第三转运所发函给四川省第九行政督察专员公署："本军轰炸机一架，在猫儿沱附近坠江之事件，前经会同贵署商讨打捞在案，顷奉航空委员会周主任暇蓉电令通知沿江各县，悬奖二百元寻觅此次殉难人员遗体等因。奉此相应函请贵署查照，饬沿江各县办理为荷。"①

10月30日，万县市防空指挥部也电函打捞事宜，"仰转饬所属沿江保甲及船户一体打捞尸体及机骸具报遵照"。②

1939年11月3日，川江航务管理处水上保安团一大队第四中队组织船工徐祖寿、杨天发等在离万县码头20多里银小溪的深水沱里，发现并打捞了库里申科的遗体，随同遗体一同打捞的还有小手枪1支、子弹4发、军委会服务团成都招待所330号证章1枚、弹仓2件。11月6日，川江航务管理处水上保安团一大队大队长王佐将打捞情况详细上报给了万县市防空指挥部："兹据职部第四中队报称：窃职于本月三日将俄国技师尸身，于猫儿沱捞获，除捡出其身旁小手枪一支，子弹四发，军委会服务团成都招待所330号证章一

---

① 万州区档案馆：《万县市防空指挥部》，J015-001-083第5033号。
② 万州区档案馆：《万县市防空指挥部》，J015-001-083第6页。

枚,弹仓二件外,理合连同上开各物,随文呈报钧部,俯予鉴核。"①万县市防空指挥部获悉此情况后,旋即电令川江航务管理处水上保安团一大队大队长王佐妥为看守库里申科的遗体,"候万县政府收殓,并候转请空军兵站监部第三转运所查核处理"②。为打捞库里申科遗体,政府不但号令万县至奉节沿江军民全体出动,严密注意俄籍技师的捞获事宜,而且主动悬赏,川江航务管理处水上保安团更是用士兵生活费垫支。整个打捞工作共花费114元,其中:捞尸费60元,木船运尸费16元,士兵守尸及灯油费5元,士兵守尸伙食费21元,力夫费12元。另加悬赏奖金200元。

至于飞机何时打捞以及打捞后的处理情况,目前尚未查阅到相关资料。

2.库里申科烈士追悼大会

1939年11月3日库里申科的遗体打捞起来后,万州人民按照中国的传统习俗,为库里申科举行了最隆重的追悼会和葬礼。万县市防空指挥部、万县县政府向当时国民政府及航空委员会等报告后,万县市防空指挥部、万县县政府成立了古大队长公葬筹备委员会(即库里申科烈士公葬筹备委员会)。由于当时对库里申科的姓名不是很清楚,或者出于对苏联援华空军志愿队人员姓名保密的原因,根据库里申科第一个音译和他的职务称其为古大队长。而库里申科的遗体,被当地政府和老百姓用白大绸缠裹着全身,盛殓后,装入棺木。棺椁是特制的香椿木,内椁全用朱红漆漆得明光放亮,外棺用黑漆漆得鉴可照人;棺椁两头,又用金粉绘成两个大大的"福"字。再由有龙头和龙尾的木杠用32人抬着,放到当时万县城最大的广场——西较场设置的灵堂内,供各界人士祭奠。11月8日万县县政府以函的形式向全县党政军警宪警学工商机关团体暨本市民众告示:"本月九日午前九时在西较场为空军殉难烈士古大队长开追悼大会,所有党政军警宪警学工商机关团体暨本市民众均应参加,以示热烈,而慰忠魂。"③

11月9日,万县各界人士数千人,在西较场为库里申科举行了隆重的追悼大会,地方行政长官、军警、学生及各界人士参加。

---

①万州区档案馆:《万县市防空指挥部》,J015-001-083第4页。
②万州区档案馆:《万县市防空指挥部》,J015-001-083第646号。
③万州区档案馆:《历史档案案卷》,第27页。

11月10日,万县的地方报纸《万州日报》发表专文《悼古烈士》。专文指出:"古烈士之死,是为中华民族的自由解放而死,也是为世界和平人道主义而死。我们要继承古烈士的牺牲精神,为古烈士复仇!"①

3.库里申科烈士墓地的选用

由于相关资料的缺乏,1939年11月库里申科牺牲时,为什么选择葬在太白岩下,我们已无从知晓。四川省人民委员会办公室1958年4月12日给外交部领事司的《关于告诉库里申科坟墓情况的复函》中写道"当时被埋葬在万县市郊区太白岩,周围尚有数座军阀坟墓",1958年6月12日万县市委员会为库里申科迁葬给内务部的《关于重修苏联空军大队长库里申科同志墓的报告》中明确写道"遗体原安葬在太白书院侧边",从中我们可确知最初库里申科是葬在太白岩下白岩书院侧边。

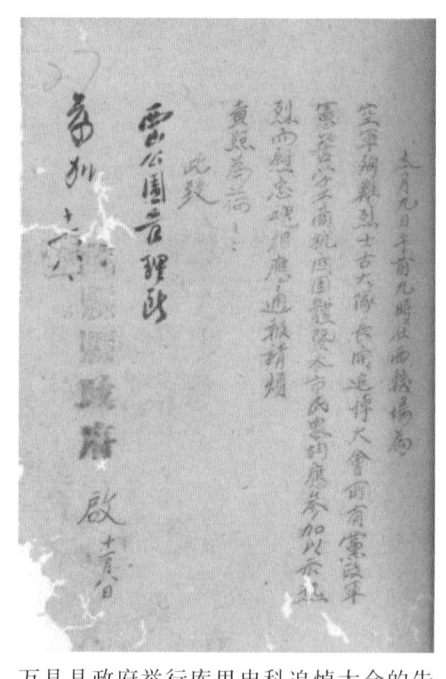

万县县政府举行库里申科追悼大会的告示函(图片来源:万州区档案馆)

太白岩,位于万县北岸,古时称西岩、西山。相传唐代李白路过万州时,应当时太守之邀,曾"大醉西岩一局棋",是道、佛胜地,又由于其风景优美,被列为万州古八景之"西山夕照"。白岩书院,始建于清光绪十七年,是清代末川东著名学府,与成都尊经书院齐名,清代名儒胡元直、吴光耀、况周仪等先后在此任主讲;后又经办高等学堂、高等农业学堂、万县实业所。1926年杨森在此办政治军事学校。朱德、陈毅、刘伯承、蒋介石、蒋经国、孙震、孙元良等曾在此居停。③院内原有清末著名书法家包弼臣的"白岩书院记"和胡元直的"白岩书院记"等碑。

①杜之祥:《苏联援华抗日空军英雄——库里申科传奇》,第82页。
②万州区档案馆:《历史档案案卷》,第27页。
③《万县市志》,2001年9月第一版,第1021—1022页。

笔者推测,为了表达万县人民对库里申科烈士的感激和缅怀之情,方便人们凭吊瞻仰,万县市防空指挥部、万县县政府把库里申科安葬在风景优美又极具文化气息的太白岩下白岩书院侧边。

4.库里申科烈士遗体的安葬

1939年11月17日,库里申科公葬筹备委员会向各机关、学校、团体、市民发出告示或公函,宣布举行公葬典礼。

11月16日,古大队长(库里申科)公葬筹备委员会函告四川省第九区专员公署,欲用西山公园图书馆后的峡石及花草修筑库里申科墓地:"古大队长公葬修筑墓地须用峡石碑大小各一块及花草等物,急待寻觅应用。查西山公园图书馆后走廊处有峡石数块,园内花草颇多,经本筹备会第二次大会议决,函请贵署转知公园管理处,准予将该石移用,并请酌给花草若干。"①

11月18日,万县各界人士按照中国的习俗,为库里申科举行了隆重的公葬仪式。数千人从追悼会场出发,穿过全城最主要的街道,到达太白岩下专为库里申科烈士挑选的墓地,将其安葬。

1940年1月1日,墓园全部建成,由墓碑、墓室和花坛组成。墓碑正中隶书刻有"空军古烈士之墓",落款为"中华民国二十九年一月一日立"。墓碑上端呈三级阶梯式,其中雕刻有飞行徽章;墓室上刻有苏联的国旗和一架"达莎"式轰炸机。

位于太白岩白岩书院旁的库里申科烈士墓(图片来源:万州区档案馆)

---

①万州区档案馆:《万县市防空指挥部》,J015-001-083筹字1号。

(二)库里申科烈士遗体的迁葬

1.库里申科烈士遗体迁葬的背景及新墓的选址

1958年,四川省万县市人民委员会和万县市人民政府发现1939年修建在白岩书院旁的古大队长烈士墓(库里申科烈士墓),地理位置比较偏僻,自然环境不好,不利于市民和群众进行瞻仰、吊唁活动,决定把其迁移到西山公园内。1958年6月12日,四川省万县市人民委员会向中央政府内务部报告《关于重建苏联空军大队长库里申科同志墓的报告》:"接你部内优第269号'关于请检查维修苏联飞行员普利生克同志的函'的指示。查苏联空军大队长格里戈里·阿基莫维奇·库里申科同志(你部来文译普利生克)系抗日战争时期1939年八月(10月14日)在我国牺牲。遗体原安葬在我市白岩书院侧边,1940年1月修墓。该墓解放后曾于1952年进行了一次整修,但尚比较简陋,兼之墓址比较偏僻,且自然环境不好,不便游人瞻仰。经党委研究决定,将库里申科同志遗体移葬在我市风景区——西山公园内,并重新按外交部翻译碑文修筑墓碑,以资永久纪念。现一切准备就绪,已于6月9日开始施工,计划一个月的时间即可落成。修建费用拟在优抚费内开支。至于其他苏联战士坟墓,据初步了解,在我市尚无发现,待继续调查了解。关于通知库里申科家属前来扫墓问题,我们非常欢迎,但考虑到新墓落成后,尚须一段绿化时间,到时更加可观,最好是在本年国庆节左右前来为宜。"①

从1958年6月至1958年7月,万县市人民委员会民政科、办公室、文教科、建设科等部门开始围绕库里申

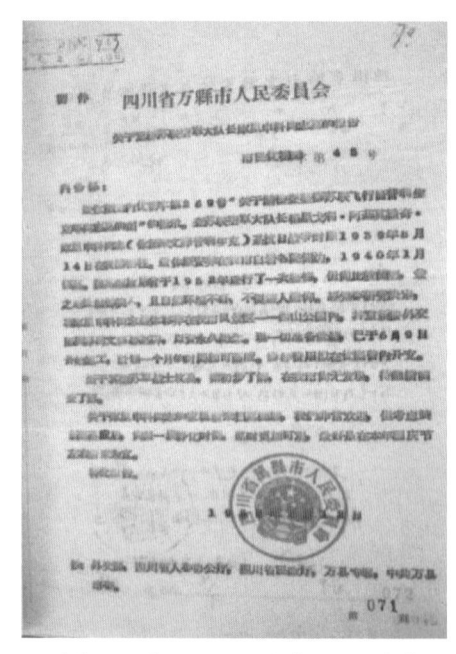

四川省万县市人民委员会《关于重建苏联空军大队长库里申科同志墓的报告》(图片来源:万州区档案馆)

---

① 万州区档案馆:《历史档案案卷》,第71页。

科烈士墓的迁葬开展工作。由办公室王泮林负责牵头,民政科杨侯等负责经费预算、后勤工作,建设科负责设计和组织建设;万县市人民委员会负责在西山公园内选址。库里申科烈士墓园方案由万州赵鸿鹄先生进行设计。赵鸿鹄先生设计的库里申科烈士墓园选在西山公园一台地,其下是五洲池,墓园由大门、照壁、花坛、墓碑、墓室组成。照壁正面文字由万州书法家王才云先生书写——"中苏两国人民以鲜血凝成的友谊万岁";背面

烈士灵柩抬入新墓园,左一为墓园第一任看墓人刘海田老人(图片来源:万州区档案馆)

文字是"伟大的国际主义战士永垂不朽"。墓地由万县市建筑公司施工。

2.库里申科烈士遗体迁葬的过程

1958年7月1日,万州区各界群众为库里申科烈士举行了隆重的迁葬仪式和吊唁活动。迁葬时,中国人民解放军组成的仪仗队在太白岩下走在迁葬队伍的前面,万县地方委员会及部门敬献的花圈抬在其后,万县市人民委员会、万县市人民政府领导带领的送葬队伍,腰缠白布,扶灵柩走在抬棺队伍的前面,以刘海田为头的抬棺民众一步一步将库里申科烈士的棺柩从白岩书院旁抬到西山公园内新建的墓园中。

1958年7月完工的库里申科烈士墓园(图片来源:万州区档案馆)

库里申科烈士墓室、墓碑(图片来源:万州区档案馆)

四、库里申科烈士墓的修缮与维护

（一）库里申科烈士墓的修缮情况

1939年10月14日库里申科烈士牺牲后，万县市人民委员会于1940年1月1日在太白岩下白岩书院附近建成了库里申科烈士墓园，修建墓园所用材料是西山公园内存放的峡石及花草。墓园比较简单，由墓碑、墓室和花坛组成，而且墓碑位于墓室的后面。墓碑正中隶书刻有"空军古烈士之墓"，落款为"中华民国三十九年一月一日立"。墓碑上端呈三级阶梯式，其中雕刻有飞行徽章；墓室上刻有苏联的国旗和一架"达莎"式轰炸机。

1951年2月13日，万县市中苏友好协会成立，立即做出了整修库里申科烈士墓的决定，并于1952年完成整修[①]。由于资料缺乏，这次整修的具体情况无法了解。

1958年7月1日，万县市人民委员会决定将库里申科烈士遗体从原址（白岩书院）迁到西山公园内，重新修建墓园。该墓园于1958年6月9日开工，"至7月15日建墓工程全部完工。新墓位于西山公园中部花圃区，陵园长70公尺、宽13公尺，东北向西南的长方形状，北面倚山（堡坎），南边是花圃，整个面积有900平方公尺左右……修建费初步结算共计开支6937.19元"[②]。墓园由大门、照壁、花坛、墓碑、墓室组成。照壁正面书写"中苏两国人民以鲜血凝成的友谊万岁"，背面书写"伟大的国际主义战士永垂不朽"。

这次修墓，墓园较1940年增加了大门和照壁。

据万州西山公园管理处钟健副主任介绍，20世纪70年代至90年代，

位于太白岩下的库里申科烈士墓（图片来源：万州区档案馆）

---

① 万州区档案馆：《历史档案案卷》，第71页。
② 万州区档案馆：《历史档案案卷》，第68页。

2010年维修前后对比（图片来源：万州区博物馆）

万县市政府组织相关部门对库里申科墓进行过三次修缮。尤其是1991年2月的修缮，将墓园大门改为西式圆拱尖顶，墓室改用大理石嵌砌。1999年，在墓园中增加了库里申科烈士的塑像。由于相关档案资料的缺乏，这三次维修情况均不详。

为了更好地发挥其爱国主义教育示范基地的作用，2010年民政部拨专款220万元，对库里申科烈士墓园进行修缮保护。这次修缮保护工程由重庆大学城市规划与设计研究院设计，重庆市大足盛煌建筑工程有限公司修缮，重庆佳兴建设监理有限公司监理。修缮内容包括对库里申科烈士墓园大门的修复，改造1600平方米的纪念广场以及铺设360米的排水管道设施；同时对库里申科烈士墓和纪念碑、墓园护栏进行翻修，墓碑采用花岗岩重新砌筑，顶部采用红色花岗岩制作花饰；用花岗岩贴面胸像基座，烈士铜像也重新进行了塑造（原铜像现作为万州区革命烈士陵园的展品对外展出），也对花坛、墓园周围进行了绿化。

（二）库里申科烈士墓的维护

1939年库里申科烈士安葬在太白岩下，日常为他守陵、扫墓的是当时的抬杠刘海田（万县市人民委员会民政科科长杨侯同志口述）。1958年迁葬到西山公园后，西山公园管理处专门安排职工谭忠惠负责库里申科墓园的守陵、清洁与维护。从1958年起至退休，她为库里申科烈士扫了一辈子墓。后来她的儿子魏映祥接过母亲的工作，继续为墓园修剪植物、拔除杂草、打扫卫生，并向那些前来祭奠的人们讲述库里申科的故事。母子两代人绵延半个多世纪的守护，感动了成千上万的中国人，成为中苏两国深厚友谊的见

2010年对墓园进行修缮中（图片来源：万州区博物馆）

证。2013年3月23日，国家主席习近平在莫斯科国际关系学院演讲中，盛赞了抗日战争时期在中国牺牲的苏联飞行大队长库里申科，称中国人民没有忘记这位英雄，一对普通的中国母子已为他守陵半个多世纪。

除了有专职的守陵人外，"年年岁岁，每逢清明节和10月14日库里申科祭辰，万县市人民遵照中国的习俗，敲锣打鼓，吹响唢呐，献上花圈，燃放鞭炮，唱起悲壮的《国际歌》，成群结队来到太白岩下，祭奠库里申科烈士"。"每当11月7日苏联十月革命节这一天，万县市人民又集结在库里申科墓前，纪念长眠在这里的英雄，听人讲述他的英雄故事[1]"。

从20世纪60年代初起，中苏关系一度出现裂痕，但万县人民依然在每年的清明节，去库里申科烈士陵园扫墓，"少先队员照样高举队旗，去库里申科烈士陵园举行入队宣誓。共青团员和青年学生，接过老一辈传下的友谊接力棒，照样去库里申科烈士陵园过团日或开展集体活动"[2]。

"文革"期间，"万县市人民团结一心，用智慧和力量，保护着库里申科烈士陵园。为了不让打派仗的标语、搞武斗的硝烟，玷污陵园中的库里申科烈士的高大墓碑和一草一木，专门为陵园做了一道大铁门，平时加上铁锁，还由公园的老园丁把守着……在'文革'中，库里申科烈士陵园，一点未受到破坏"[3]。每逢抗战胜利纪念日，万县市各界代表人士均要到库里申科烈士陵

---

[1] 杜之祥：《苏联援华抗日空军英雄——库里申科传奇》，第89—90页。
[2] 杜之祥：《苏联援华抗日空军英雄——库里申科传奇》，第102—103页。
[3] 杜之祥：《苏联援华抗日空军英雄——库里申科传奇》，第103页。

2010年维修后的情况(图片来源:万州区博物馆)

园祭奠他。

库里申科烈士的妻女分别于1958年10月、1989年4月受邀来到万县市,为亲人扫墓。

第二节 库里申科烈士墓的现状调查与价值评估

一、库里申科烈士墓的保护现状

(一)库里申科烈士墓的地理位置和环境状况

库里申科烈士墓位于重庆市万州区西山公园,墓地坐西向东,地理坐标位置为东经108°22′47.9″,北纬30°48′17.6″,海拔高度194米,属亚热带季风湿润带,气候四季分明,常年平均气温在17℃—19℃。

西山公园位于万州北岸,面临长江,背负西山(太白岩),建于民国十七年(1928年)2月,初名万县商埠中山公园,20世纪30年代初改名西山公园。现占地面积215亩,分为钟楼、五洲池、静园、库里申科墓园、月台、林木等6大景区。

库里申科烈士陵园现位于园内景区五洲池上方,为砖石、水泥结构,建筑风格中外结合,是重庆当前最大的外籍烈士个人陵园。

正门采用砖石砌筑,造型简洁肃穆。左右门垛对称,上面装饰着精致的图案,犹如一座巨大的纪念门庭,意味着胜利与和平,倾注着对死者的哀思。正门前为花圃、凉亭、重庆市文物保护单位和全国重点烈士纪念建筑物保护标志以及库里申科烈士简介,有敞地可容纳300—500人瞻仰和游览。

整个陵园由照壁、花台、墓碑、塑像和墓室组成,东西长80米,南北宽20米,总面积1600平方米。照壁高3.2米,宽4米,正面刻"中苏两国人民以鲜血凝成的友谊万岁",背面刻"伟大的国际主义战士永垂不朽"。墓碑前塑有库里申科烈士的半身铜像,高2米。塑像基座上雕饰橄榄枝、平面地球仪及两架飞向天空的飞机,既象征库里申科飞回家乡,又象征因为库里申科而架起中国万州与乌克兰两地的友谊桥梁。墓碑高7.3米,宽4米,厚1.8米,正面阴刻"在抗日战争中为中国人民而英勇牺牲的苏联空军志愿队大队长格里戈里·阿基莫维奇·库里申科之墓(一九零三——一九三九)"。背面为苏联国旗与俄文碑文,内容与正面相同。墓碑顶上塑有苏联和中国国旗,国旗上有一只和平鸽,象征两国人民对和平的感情。墓冢为长方形,为砖、石、大理石结构,建筑风格中西结合,高1.55米,长3.5米,宽2.7米。墓地庄严肃穆,周围樟树成林,环境清幽,四周护栏环绕。

(二)库里申科烈士陵园的保护和管理

1939年库里申科烈士陵园建成后至万州解放前,由万县政府安排人员进行管理;解放后先由万县市人民委员会民政科负责管理,后由万县市民政局管理;目前,库里申科烈士陵园由万州区建委、万州区文化委员会、万州区民政局共同管理,由万州区西山公园管理处使用并进行日常的清洁维护。

1987年8月15日,纪念抗日战争胜利42周年之际,四川省人民政府首批将库里申科烈士陵园公布为四川省烈士纪念建筑物重点保护单位(《四川省人民政府批转省民政厅、财政厅对烈士纪念建

库里申科墓园保护范围和建设控制地带图(图片来源:万州区博物馆)

筑物加强管理保护报告的通知》川府发〔1987〕147号），列为当时四川省8个烈士纪念建筑物重点保护单位之一。2000年9月重庆市人民政府将库里申科烈士陵园公布为第一批重庆市级文物保护单位（渝府发〔2000〕83号）；2009年12月重庆市人民政府将西山公园内的库里申科烈士陵园（原第一批重庆市级文物保护单位）、抗战阵亡将士纪念碑（原为万州区级文物保护单位）、万县大轰炸白骨塔（第三次全国文物普查主要新发现文物点）三处抗战文物点合并为"西山抗战遗址群"，并公布为第二批重庆市级文物保护单位（渝府发〔2009〕118号）；2009年3月中华人民共和国国务院将库里申科烈士墓园公布为全国重点烈士纪念建筑物保护单位。

2001年万州区文物行政管理部门会同区建设规划部门，划定了库里申科烈士墓园的保护范围：沿墓园大门向外30米处为保护范围，再向外延50米为建设控制地带；左侧从栏杆处向外30米至外坝石栏杆处为保护范围，再向外延30米为建设控制地带；右侧堡坎10米至路边围墙处为保护范围，再向上外延20米为建设控制地带；后侧栏杆向外30米为保护范围，再向外延伸50米为建设控制地带。

二、库里申科烈士墓的重要价值

（一）历史价值

随着清朝统治的衰弱及近代遭受内忧外患，近代中国受尽屈辱和压迫。抗日战争爆发以来，中华民族传统、保守、被动和封闭的特性表现无遗，但是在最关键的历史时期，中国国民政府和中国共产党领导的政权又团结在一起，与远渡重洋来华助战的各国义士并肩抗击日本法西斯，谱写了一曲匡扶正义的国际乐章。

苏联援华抗战在中国抗日战争史和世界反法西斯战争史上具有重要地位，库里申科烈士墓园作为国内为数不多的能够真实反映这段鲜为人知历史的有形文物，是研究和铭记这段战火纷飞历史的承载物。库里申科是中苏联合抗击日本法西斯侵略的参与者，为世界反法西斯战争和中国人民抗日战争作出了巨大的贡献和牺牲，烈士墓园为纪念、缅怀这位伟大的国际主义战士而修建，表达了一个民族对另一个民族的感恩、承诺和坚守，是中苏友好的象征,是体现战争实况及其性质的铁证,同时也是世界反法西斯战争和中国人民的抗战事业的历史见证,为抗日战争的研究提供了重要的实物资料,也向世人展示了中华民族深厚的民族感召力和凝聚力,具有不可替代的历史价值。

(二)爱国主义教育价值

1949年11月12日,即中华人民共和国刚成立一个月后,全国发行量很大的《中国青年》杂志,率先刊登了库里申科援华抗战的英雄事迹,号召全国青年学习他的国际主义精神。

1951年9月,在轰轰烈烈的抗美援朝运动中,万县市人民踊跃捐献飞机大炮,一致决定将捐献的一架战斗机,庄重地命名为"库里申科号",以此来纪念这位与中国人民血肉与共的生死朋友。

万州著名诗人方敬,根据库里申科的英雄事迹,于1957年10月创作了叙事诗《库里申科之歌》:

> 这条大江从我家乡流过,就在这里库里申科壮烈牺牲,
> 为了赞颂这永恒不朽的生命,江水日夜唱着中苏友好的歌。

1951年9月万县市各界群众准备吊唁库里申科烈士出发前的合影(图片来源:万州档案物馆)

这条大江从我家乡流过,支援中国抗日的正义行动,

他志愿远远飞到中国天空,江水日夜唱着中苏友好的歌。

这条大江从我家乡流过,他矫健的鹰群在云端旋飞,

英勇地把中国的天空保卫,江水日夜唱着中苏友好的歌。

这条大江从我家乡流过,他像一道闪电掠过天空,

他像一声雷鸣响入江中,江水日夜唱着中苏友好的歌。

这条大江从我家乡流过,江水把它在这里漩起的花圈,

虔诚地向库里申科奉献,江水日夜唱着中苏友好的歌。

这条大江从我家乡流过,两岸山岩苍翠的松柏,

肃立着为他崇高的灵魂静默,江水日夜唱着中苏友好的歌。

这条大江从我家乡流过,每个人从这里都肃然低回,

庄严的敬爱浸透这片江水,江水日夜唱着中苏友好的歌。

这条大江从我家乡流过,感激地仰望十月革命的圣火,

永记着为中国战斗过的库里申科,江水日夜唱着中苏友好的歌。

库里申科的安息地——库里申科烈士陵园,以及根据库里申科的英雄事迹创作的文学作品,是爱国主义精神的重要载体,见证着伟大的国际主义精神,有利于更好地砥砺中华民族精神。中华民族精神是中国各族人民共同培养孕育的文化结晶。爱国主义是中华民族精神的核心,也是社会主义核心价值观的重要价值追求。在中华民族几千年的文明发展史上,各族人民为了维持生存和发展,为了维护社会稳定和国家主权,为了抵御外来侵略和建设美好家园,时刻都在培育和发展爱国主义精神。抗日战争就是一部爱国主义史诗,砥砺着中华民族的民族精神。这些都是中华民族的宝贵财富,丰富和充实着中华民族优秀的民族精神。

库里申科烈士陵园等抗战遗址是进行社会主义核心价值观教育的经典材料。党的十八大报告中明确提出"三个倡导",即"倡导富强、民主、文明、和谐,倡导自由、平等、公正、法治,倡导爱国、敬业、诚信、友善,积极培育社会主义核心价值观",分别从国家层面的价值目标、社会层面的价值取向、公民个人层面的价值准则三个方面对社会主义核心价值观作出了最具权威的

概括。这与中国特色社会主义发展要求相契合,与中华优秀传统文化和人类文明优秀成果相承接,是我们党凝聚全党全社会价值共识作出的重要论断。当前,培育、弘扬和践行社会主义核心价值观是我国全社会各阶层各群体共同的政治任务,而抗战遗址正是开展社会主义核心价值观教育的经典教材和生动课堂。围绕库里申科烈士墓等抗战遗址组织开展群众性拜谒、参观和纪念活动,可以更好地教育引导广大群众特别是青少年充分认清日本法西斯侵略者犯下的罪行,牢记中华民族抵御侵略、奋勇抗争的历史以及中国人民在世界反法西斯战争中作出的巨大牺牲和不可磨灭的历史贡献,有利于大力培育和弘扬伟大的爱国主义精神,进一步增强民族凝聚力、向心力,为实现中华民族伟大复兴的中国梦提供强大精神动力。

(三)国际交流价值

俄罗斯总统普京曾说过,中俄两国人民是世界反法西斯战争两大盟友,其友谊是"用鲜血凝成的兄弟般友谊"。2015年5月7日,习近平主席赴莫斯科参加苏联卫国战争胜利70周年庆典前夕,在《俄罗斯报》撰文,回顾了中俄共同反对德国法西斯和日本军国主义这一段光辉历史,指出两国人民一直互相支持、互相帮助、并肩战斗。

在二战中,中苏军民并肩战斗,竭尽全力互相支援。以库里申科为代表的苏联援华航空志愿队员击落日军飞机100多架,炸毁日军机场上大量飞机、弹药和燃油,为中国夺取制空权作出了不可磨灭的贡献。库里申科把中国人民的苦难看成是自己祖国和自身的苦难,他曾对成都的战友们这样说过:"我像体验自己祖国的灾难一样体验中国人民遭受的灾难,当我看到敌

1958年10月8日,库里申科的妻子和女儿为烈士敬献花圈(图片来源:万州区档案馆)

人滥炸城市时,我非常地愤怒和难过!"库里申科的英雄事迹受到了中俄两国以及两国人民的尊重与敬仰,让中俄友谊世代相传,也成为了中俄两国友谊的见证。

1958年10月1日,库里申科烈士的妻子和女儿应中国政府的邀请,在北京参加了中华人民共和国国庆观礼,还受到毛泽东主席和周恩来总理的接见。周总理深情地对她说:"中国人民是永远也不会忘记库里申科同志的。"10月8日,库里申科烈士的妻子和女儿,来到西山公园中新修的库里申科烈士陵园,参加了隆重的库里申科烈士扫墓仪

1989年4月10日,英娜和女儿参加库里申科烈士牺牲50周年扫墓活动(图片来源:万州区档案馆)

式。1989年4月10日,库里申科的女儿和外孙女,在纪念库里申科牺牲50周年之际,专程从苏联来到中国,再次踏进库里申科烈士陵园,参加纪念格·阿·库里申科烈士牺牲50周年扫墓活动。1991年5月16日,江泽民总书记访苏期间在中国驻苏联大使馆宴会大厅接见了库里申科的遗孀加丽娜·库

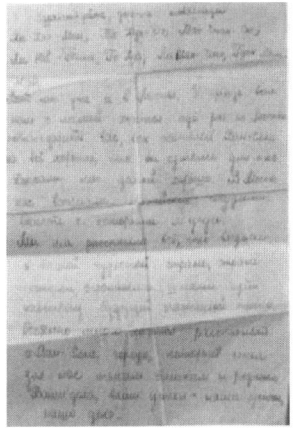

1958年11月2日,库里申科妻子给万县市政府的来信(图片来源:万州区档案馆)

英娜赠送给万县市的俄罗斯民间工艺品(图片来源:万州区档案馆) 　　英娜母女在万县市参观(图片来源:万州区档案馆)

里申科,江总书记引用莫斯科无名烈士墓一句碑文深沉地说:库里申科同志的"功勋永垂不朽"。

(四)旅游经济价值

当今,旅游活动已经成为全球极有潜力的经济增长方式。现代旅游产业是一项综合性强、关联度高、产业链长、涉及面广、拉动力大的经济文化型产业。近年来,全国各地一些具有良好旅游资源的地区纷纷把旅游产业作为当地的支柱产业或经济增长点来抓,并取得了明显的经济社会效益。尤其是在一些经济社会发展较为落后的地区,旅游对于推进地方经济的发展、增加地方财政收入,具有举足轻重的作用。红色旅游已成为当前中国旅游的大热点。重庆以丰富的抗战遗址为依托,拥有得天独厚的红色旅游资源。库里申科烈士墓体现着万州红色旅游资源的唯一性和特殊性,革命纪念物是红色旅游重要的载体,并承载着革命历史、革命事迹和革命精神的内涵,在重庆市旅游发展中占有非常重要的地位,具有特殊的意义。库里申科烈士墓作为重庆极具代表性的抗战文化资源对于丰富重庆旅游产品的多样性,发展重庆抗战文化旅游,开发重庆旅游新的增长点,实现重庆旅游业的快速发展,促进区域经济建设、文化繁荣和社会进步都具有非常重要的价值。

(五)休闲生态价值

库里申科烈士陵园位处城区中心,作为植株丰富的城市公园,在寸土寸金的城市中心地带中有着丰富的植被、多样的物种,除了其内部环境绝佳以外,在城市区域的层面来看,它更是整个生态系统中的重要一环,对削减市区大气污染物浓度、改善城市空气质量、缓解城市热岛效应、降低粉尘和有害气体等对人体产生的危害、调节小气候以及保持水土等起着重要的生态作用。

库里申科烈士陵园的建设具有园林之美,在日常生活中更多地发挥着"公园"的作用,供周边市民休闲使用。陵园中清幽的环境、静谧的氛围和优美的景观备受人们青睐,大面积的花圃、诗意的廊道、休憩亭台、景观小径等营造了亲切、舒适的环境,增加了陵园的观赏性,是人们工作学习之余放松心情、锻炼身体的绝佳场所。休闲化的氛围能在某种程度上模糊人们对烈士陵园的传统观念,给人以轻松的感受,其休闲价值可见一斑。

第三节 库里申科烈士墓保护利用建议

一、烈士墓保护利用案例分析

库里申科烈士陵园位于万州城区中心,所在的西山公园紧邻滨江路,周边集中了众多企事业单位和居民小区,是万州老城区市民主要的休闲观光地。库里申科烈士陵园的保护利用不应单一而论,要结合万州区实际情况和西山公园的整体规划进行探讨。

便捷的地理位置决定了库里申科烈士陵园的功能不应只局限于纪念和教育,而应在保护历史文化资源的基础上,进一步深入提炼文化内涵,打造品牌,扩大影响,提升园林规划设计水平,充分发挥烈士陵园的休闲游览功能,朝集纪念、游览、教育等多功能于一体的综合性生态园林方向建设。我们选择三处区位和功能与库里申科烈士陵园相似的革命烈士陵园,从其发展、设计、使用三个方面进行案例分析,希望为库里申科烈士陵园及西山公园的保护利用和发展提供有益的借鉴。

（一）广州市黄花岗七十二烈士陵园发展利用案例分析

1.简介

黄花岗七十二烈士陵园始建于1912年,位于广州市区北面的白云山南麓先烈中路79号,公园占地面积16万平方米,建筑规模宏大,气魄雄伟。园内有墓亭、陵墓、纪功坊、记功碑等。1961年,黄花岗七十二烈士陵园被国务院公布为第一批全国重点文物保护单位。1981年和1986年,政府两次拨款维修,使浩气重光。1986年被评为"羊城新八景"之一,名"黄花浩气"。1992年,广州市政府将黄花岗七十二烈士陵园、中山纪念堂、黄埔军校旧址等重点史迹,作为"台湾同胞参观接待点"加以建设,并加大了保护力度。

2.区位

黄花岗七十二烈士陵园位于广州市先烈中路,是市区内的黄金地段,周围有黄花小学、执信中学等省级重点学校,还有新大新百货和好又多超市,距离不远还有地铁5号线区庄站。在这种寸土寸金的地段,黄花岗烈士陵园是难得的城市绿地。[1]

3.核心价值

碧血黄花、可歌可泣的黄花岗起义广为台湾同胞所熟悉,并在台湾中学教科书中得以体现。其中黄花岗起义烈士林觉民的《与妻书》更成为台湾地区"革命教育"的典范教材和相关辛亥百年宣传片的重要题材。时至今日,林觉民烈士对爱妻的那份真情,那种"以天下人为念"、舍生取义的革命者的气度风范,依然令人动容。很多前来广州旅游的台湾同胞亦将黄花岗七十二烈士陵园作为首选之地。孙中山等革命人士长期在海外组织、宣传和发动华侨投身革命,使中国近代民主革命得到了众多华侨的大力支持,并成为革命组织的重要支柱以及历次起义的核心力量。参与和支持"三二九"等起义的爱国华侨以及移居海外的中国近代民主革命人士的后代广布海外,先辈的功迹成为他们永远值得骄傲的记忆,并在海内外华人中受到广泛传颂和景仰。作为两岸人民往来的重要口岸城市和台商最早的大陆投资地之一,广州是全国对台工作的重要城市,黄花岗七十二烈士陵园等广州近现代

---

[1] 刘平:《广州烈士陵园的发展变迁》,2011年6月3日。

历史文化史迹在开展两岸交流活动中也发挥着重要作用。

4.发展利用

黄花岗七十二烈士陵园的发展利用,一方面,以"交流专题"引领、组合有关史迹资源,提炼文化内涵和交流价值,促进穗台两地在"策源地文化"背景下的全方位、宽领域、多层次文化交流,深化和开创穗台交流项目;另一方面,按照"深厚历史内涵、浓郁地方特色、强烈时代特征、鲜明文化品格、高度创新精神、国际化程度较高"的标准对海峡两岸交流基地进行建设,打造"立足两岸、影响亚太、辐射海内外"的"文化光源",进一步丰富广州建设世界文化名城的内涵。

广州近现代民主革命史迹不仅数量众多、地位独特,而且各个重要史迹具有文化内涵多元化、交流价值多样化的特点。黄花岗七十二烈士墓园、孙中山大元帅府旧址纪念馆、中山纪念堂、黄埔军校旧址等史迹纪念地,以"孙中山宋庆龄纪念地联席会议"等形式,与台北"国父纪念馆""中山楼"等单位开展互访和学术交流活动,并承办"海峡两岸中山论坛",赴台举办"孙中山与广东""孙中山在广州"图片展等。从1991年至2011年的20年间,穗台交流项目累计达3376项31258人次。20多年来,黄花岗七十二烈士陵园等史迹累计接待台湾同胞达40万人次。2011年是"辛亥革命"100周年,仅到访黄花岗七十二烈士陵园的台湾同胞就高达29190人次,创历年之最。近年来,黄花岗七十二烈士陵园还见证了两岸关系发展的重要时刻。2005年,时任中国国民党副主席的江丙坤率团访问大陆的"破冰之旅",在大陆的首站活动就是前往拜祭黄花岗七十二烈士。连战、林丰正、蒋孝严、曾永权、郁慕明等一大批台湾政要均曾前往黄花岗、中山纪念堂、黄埔军校旧址等地拜谒参观。在穗举办的各类对台交流活动,均将上述近代革命遗址列入台湾团组参观行程。同时黄花岗七十二烈士墓园也作为全国侨联的爱国主义教育基地,在构筑海外台胞侨胞精神家园、加强海外青少年历史教育方面发挥着重要的作用。[1]

---

[1] 骆燕容:《黄花映日 浩气长存——广州黄花岗七十二烈士陵园海峡两岸交流基地》,载《两岸关系》,2014年第2期,第49页。

5.总结

黄花岗七十二烈士陵园的发展利用可以总结为确立主题、资源整合、品牌打造三个方面。

(1)确立主题

依托黄花岗七十二烈士陵园作为两岸交流基地的优势,根据黄花岗起义是台湾青年节的起源事件,与"三二九"起义指挥部纪念馆、共青团一大旧址等,设置"两岸青年交流"专题,开展穗台两地青年交流活动。同时,与先烈路近代民主革命烈士墓群构成"一点串一线"的空间布局,形成两岸人民共同"缅怀先烈"的交流专题。

(2)资源整合

通过组合中山纪念堂、孙中山大元帅府纪念馆等多个孙中山、宋庆龄在广州的历史纪念地,形成"孙中山宋庆龄纪念"交流专题,进一步密切海峡两岸暨港澳地区孙中山纪念堂交流交往。

(3)品牌打造

充分利用黄埔军校旧址的历史文化影响力,依靠黄埔军校同学、后人及遗属在岛内乃至全球所形成的"黄埔人"力量,整合各种物质、非物质形态的"黄埔资源",形成"黄埔"交流专题,打造享誉两岸的"黄埔品牌"。

(二)厦门革命烈士陵园设计使用案例分析

1.简介

厦门革命烈士陵园毗邻厦门万石岩风景区,占地面积20270平方米。陵园内有烈士纪念碑、烈士陵墓、安业民烈士墓、厦门革命烈士事迹陈列馆、"光辉永驻"大型浮雕、群雕"永志铭心"、叶飞王于畊墓等纪念性建筑物,是国家和省市级"爱国主义教育基地"、全国"重点烈士纪念建筑物保护单位"。厦门烈士陵园始建于1953年12月,自1995年至2005年,经过地基、草坪和陵墓的改造,在纪念性景区风貌及功能外延上都有了较大的改观和改善。最近一次改建是在2009年,为纪念厦门解放,为缅怀英勇奋战和壮烈牺牲的人民英雄增建了"永志铭心"群雕。

2.区位

陵园与植物园主入口之西大门隔路相望,背靠万石植物园,北、西、南三面由文园路和虎园路环绕,厦门宾馆和白鹭宾馆两座大厦南北拱卫。

3.设计理念

厦门革命烈士陵园为我国纪念性建筑的典型实例之一,其设计手法具有一定代表性,是厦门市城市环境建设的新起点。为了缓解高密度的城市空间,市民将陵园作为户外休闲场所。广场的设计理念突出三个鲜明特点。

(1)纪念性

革命烈士纪念碑高24米,碑座两层台基,外层台基40米。碑的周围,苍松翠柏环绕、四季鲜花拥簇。纪念碑造型雄伟壮观,象征着革命先烈顶天立地的英雄气概。陵园内还有烈士陵墓、安业民烈士墓、厦门革命烈士事迹陈列馆、"光辉永驻"大型浮雕、群雕"永志铭心"、叶飞王于畊墓等纪念性建筑物。

(2)艺术性

陵园最吸引游客的就是"永志铭心"群雕。雕塑最高5米,分布在长约60米、宽5米的草坪上。雕塑顺着山坡由下至上分为三部分安置,主要根据解放厦门战斗分为渡海、抢滩、胜利三部分的史实。山坡的下部是"渡海":在一条船上有吹号、射击的战士,有战士刚从船上跳入滩涂。中部是"抢滩":几名战士陷在没膝泥滩里,艰难地向高处前进。最上部是"胜利":飘扬的红旗插到了制高点上。群雕展现了人民解放军为了建立新中国,浴血奋战、不怕牺牲的精神。

(3)生态性

整个陵园背靠植物园,环境艺术追求自然生态和人工景观的完美统一,突出了人与自然和谐共生的意境。

4.使用情况

(1)主要用途和使用者

根据调查,烈士陵园主要使用者是附近居民和游客。

根据使用者的性别结构和年龄构成,调查结果显示,女性使用者为60%,男性使用者为40%,使用者女性居多。使用者中18岁及以下人群占7%,19岁至25岁人群占10%,26岁至40岁人群占19%,41岁至60岁人群占40%,60岁以上人群占24%。

使用者到达陵园的出行方式:步行占62%,乘公交车占24%,其他交通方式为14%。以步行方式为主的使用者到达革命烈士陵园耗时在30分钟以内的人群占62%。

(2)使用者活动规律

使用者到烈士陵园活动时间有一定的周期性,一周之内,周一至周五活动的人数基本相同,周六、周日达到最大值。一天之中清晨(6:30—8:30)达到第一个高峰,下午(17:30—19:30)到达第二个高峰。根据观测,使用者活动时间受气候因素影响。清晨空气凉爽清新,使用者多以中老年人为主,约占48%;下午的时候,太阳西下,使用者多为年轻妈妈或老人带着小孩到广场玩耍。

使用者在烈士陵园停留时间,基本在0.5—2小时之间。烈士陵园主要使用人群是附近居民和游客。其中附近居民在陵园停留时间较长,他们的活动类型主要是休闲散步、带孩子玩耍、运动健身、喝茶和遛狗等。另一类人是快速通过的人,如游客或附近的工作者,他们仅仅将陵园作为通道空间,停留时间较短。

(3)使用者活动类型

运动健身:60岁以上的老人以养生为主。老年人闲暇时间多,喜好坐观他人活动,或与朋友和家人聚坐聊天。他们喜欢选择热闹、安全、可达性强、宽敞、熟悉的环境。老年人的运动健身活动多集中在纪念碑旁有座椅休息的区域。由于烈士陵园广场往往设有活动设施,老年人借助于广场周边的座椅进行锻炼。锻炼后坐在凹处、背后有依靠的座椅上休息,如观看广场上各种景观。

带小孩玩耍:儿童(7岁以下)以游戏为主。由于儿童求知欲望强、独立活动能力弱,平时活动范围局限于家庭。儿童喜欢选择私密性强、活动范围大的空间环境,目前在广场上玩耍的孩子受时间、地点、设施等因素制约。儿童日常玩耍活动区主要是纪念碑和烈士墓之间的广场。

喝茶:烈士陵园入口处设置了喝茶休闲区,很多使用者在大树底下边喝茶边闲话家常。

遛狗和斗鸟:老年人对健康、尊敬等有需求。相对于老年人来说,最重要的是依存需求,所以很多老年人用动物来消除内心的孤独,每天早晚很多老年人到广场上斗鸟或遛狗。

5.环境评价

76%的市民对广场的整体空间环境包括整体广场形象、纪念空间、绿化空间、休憩空间等感到满意。

6.使用者意见

62%的游客认为陵园广场现有的运动设施不够、活动场地匮乏,尤其健身器械无法满足老年人的需求;45%的游客认为休息设施较匮乏,应该增加更多数量的座椅,还应该增加垃圾桶、遮阴设施等基础设施,尽管陵园布置了座椅、亭子等设施,但是桌椅全是石质的,让人感觉到冰冷、坚硬、不舒适,而且座椅丑陋污浊,多数时间无人问津,闲置一旁;87%的游客认为烈士陵园无指示牌或陵园广场的介绍,没有停车空间。广场安全问题是市民目前最担心的问题之一。①

7.经验总结

随着中国经济的持续高速发展及社会文明的不断进步提高、文化的日益繁荣及城市化进程的加快,随着城市生活的一体化、城市运作的集约化,纪念性景观较之以往无论是规模还是空间形态特征都发生了巨大的变化,纪念性景园的功能也变得与传统的仅以纪念功能为主不同,单一功能的纪念性景园已不能满足市民活动多样性的需要。作为城市的公共空间,烈士陵园的形态和功能设计更应该适应城市生活的丰富性和异质性,在营造与表述纪念主题的同时,也应兼有为民众提供旅游、休闲等活动空间的责任义务。因此城市中的纪念性景园的规划设计除了要注重营造纪念氛围,还要注重人活动时的心理需求,从而创造出功能复合化、空间多样化的城市公共空间,以适应不同年龄、不同阶层、不同职业市民的多样化需求。

(三)广州起义烈士陵园使用状况案例分析

1.简介

广州起义烈士陵园建于1954年,是为纪念1927年12月11日在广州起

---

① 张钰、王治君:《从市民生活的角度解析评价烈士陵园的设计——以厦门革命烈士陵园为例》,载《建筑设计》,2014年第1期。

义中英勇牺牲的烈士而修建。总面积1.8万平方米,分为陵区和园区两部分。内部建筑、纪念碑、牌坊等均具有浓郁的民族特色。近年又新增设老人活动区、儿童游乐园、健美乐苑、花卉馆、溜冰场等活动场所,成为一处集纪念、游览、科普、教育等多功能于一体的综合性园林。

2.区位

其正门及东门均位于广州市中山三路上,西接陵园西路,北临东风中路。

3.布局

广州起义烈士陵园用地近似长方形,分为陵区和园区两大部分,规划布局结构采用一横两纵的清晰格局。以广州起义纪念碑—广州公社烈士墓—血祭轩辕亭为东西向中轴线,这是一条主题明确的游览中轴;南北向以正门至广州起义纪念碑为其西半部陵区的中轴,东门至血祭轩辕亭为东半部园林区的中轴线,总体布局规整与自由相结合。清晰的功能分区使陵区肃穆,充分体现了烈士陵园主题性质的严肃性,形成了庄严的陵园氛围,同时又使园林区可以自由布局,形成完全不同的宁静活泼的休闲场所,既为游览者提供了清晰的活动构架,为休闲者提供了自由多样的园林空间,又使纪念与游览休闲不同性质的活动和谐而紧密地结合在一起。

4.交通游线系统

全园主要道路系统可分为三级:一级园路一横两纵共三条,作为中轴线的景观道路,宽度15—30米;二级园路为联系各处主要景点的道路,曲直结合,是园内主要的交通游线,宽约5—15米;三级园路为各景点之间的次要道路及小径,它们随地形起伏变化,以使各种景观更加充分地展现在游憩者面前。调查中可以看到,园林区沿湖周边的道路不仅白天作为交通、游览、聚集活动、休憩等场所,夜幕降临后更是中青年人慢跑运动、老年人散步的最佳场所,晚间的使用活动几乎都集中在这条沿湖周边的道路上,它是夜间园内最活跃的地段。

5.景观设计

与整个园分为陵区和园林区两大不同性质的功能区相对应,园内景观设计也体现为两种不同的风格。陵区以天然石材为纪念碑、道路、牌坊的主材质,以大面积绿色乔灌木衬托红色民族风格的正门建筑、灰色的纪念碑和烈士墓,简单的色彩、开阔的空间、对称的行列树与花坛、高大的墓碑尺度共同形成了陵区庄严肃穆的纪念区气氛。园林区的景观风格则宁静而丰富,幽静古典的荷塘、微波荡漾的湖面、岸边树荫下的坐凳块石、白色的石拱桥、桥头盛开的鸡蛋花,以及半岛廊下下棋的老人、中苏人民血谊亭处唱戏与拉二胡的老人、寿而康小广场跳舞的老人……这一切静止或活动的场景都既存在于景观中,又是景观的一部分,给人以轻松自由的感觉。

6.公共设施

园内公共设施分布充足合理,坐凳在园内无论任何可停留的大小空间都随处可见,多为石制条凳,既朴实亦不怕日晒雨淋,节省了很多维护费用。此外湖边设置的大块黄蜡石既是景石,又可作为天然坐凳,别有一番情趣。亭廊建筑也设有多处美人靠。分布广泛均匀的坐凳给使用者,尤其老人们带来了极大的方便。红色古典样式的园灯别具一格,与烈士陵园的正门、东门及园内民族式建筑的风格相一致。这种红色统一了全园景观风格,赋予其鲜明的特色与个性。单独设置的石制雕花洗手池高约1.1米,均匀布置于各主要活动场地的角落,易于发现又不会破坏景观效果,高度也充分考虑到了老年人使用的方便性。厕所多结合主要园路设置,与绿化种植设计相配合,隐于茂密的植物之间,不影响景观,有明显的指示标志,在全园分布均匀。全园的小卖部主要有三处,一处位于正门结合检票设置,另两处位于园林区的荷塘北通往血祭轩辕亭的中轴大道路口一侧及血祭轩辕亭至中苏人民血谊亭的交叉路口,布点合理,数量也分别与陵区、园区的使用人数相适应。垃圾桶的均匀大量设置保证了园内各处的清洁,垃圾收集处理站及垃圾车存放点设于园区北部紧邻东风中路的位置上,较隐蔽且便于垃圾及时运走处理,对园内其他各项游憩活动不造成干扰。停车场设于正门外,以长方形草坪为中心形成一处简单而实用的港湾式停车场。

7.游乐健身设施

游艇部、溜冰场及儿童乐园均具备较完整的游乐设施,但其使用的时间性较明显。工作日使用者很少,周末又会突然出现大批使用者,因此设备得不到充分利用,闲置时间较长,维护费用也较大。健美乐苑属于独立的营业性质,但它的设置与园内设施相互补充,吸引了更多不同年龄层的使用者,有益于烈士陵园休闲健身功能的发挥。休息廊——寿而康活动区的软铺装健身器械场地适用于各种年龄、各种身体状况(包括残疾人、老年人)的使用者,从早至晚,无论工作日或周末都有稳定的利用率,是一处较理想的健身场所。

8. 人性化设计

园区内的主要活动区设有多处无障碍坡道,方便了残疾人和行动不便、使用轮椅的老人们。儿童乐园的旁边设置了休息、监护等待的景观丰富的小场地。植物挂牌标示其名称、科属、原产地、形态、开花期等信息,普及植物学知识,发挥陵园的科普功能,儿童与老人常滞留活动的区域没有种植有毒、有刺等可能存在危险的植物品种。整个园区坐凳、洗手池等随处可见,这些都体现了设计对人的考虑,真实细致地照顾到不同使用群体的各种感受和需要。园内整体景观带给人以舒适、惬意的轻松感,而这离不开众多景观细节的塑造。铺装材质以石板、卵石、假斩石、花岗岩等石材为主,灵活设计出多种铺装组合,在它们的基调上,很多小环境令人感觉精致而朴实无华。正是这些人性化的细节设计才使整个陵园突破其单一纪念性主题,成为集纪念、游览、科普多功能于一体的园林。[①]

二、比较视野下库里申科烈士墓的保护利用建议

随着休闲时代的到来、人们消费理念的转变和对休闲要求的不断提高,传统烈士陵园的建设、功能、管理已无法满足人们多样化的需求。在政府加强爱国主义教育和旅游业蓬勃发展双重动力的驱动下,我国烈士陵园纷纷走上了发展旅游经济的道路。新的发展思路在给烈士陵园带来良好经济和社会效益的同时,也带来了传统与现代冲突、文化传承的表面与片面、建设性破坏等一系列问题。我们认为当代的烈士陵园应在追求革命文化及其精神的传承、追求高质量的游憩品质、追求精神的愉悦体验的理念指导下进行合理开发利用,建设具有旅游吸引力的革命烈士陵园。

---

① 辛晶:《广州起义烈士陵园使用状况研究》,载《广东园林》,2009年第3期。

(一)西山公园使用现状分析

万州西山公园始建于1925年,是重庆市建园最早的现代公园,初名"商埠公园"。1926年9月5日,英舰炮击万县城,制造了震惊中外的万县"九五惨案"。为纪念"九五惨案",改名为"九五公园",朱德题写了园名。1928年,为纪念北伐胜利,又更名为"中山公园",年末改名为"西山公园",名称一直沿用至今。

西山公园位于重庆市万州旧城区西南端,整个地形呈南北向的狭长形自然坡地,上部陡峭,下部较平缓,南坡沿东西向的钟楼、五洲池、动物园和静园地带分布了若干自然形状的小型台地(库里申科烈士墓园就修建在其中的小型台地之上)。西山公园主要植被为人工种植的亚热带常绿阔叶混交林。园内结合历史文化对公众开放有钟楼景区、五洲池景区、静园三个主要景区,中部有以茶花、楠木为主体的观赏植物园景区,在其间散布有抗战阵亡将士纪念碑、库里申科烈士墓园、万县大轰炸白骨塔等抗战纪念建筑和游乐场、动物园等综合旅游服务场所、设施。

1.自然与人文资源

西山公园现有各种观赏花木达319种。多年来,园内的自然原生植物和栽培观赏花木得到了有效的保护,园内植被古木参天,花木繁荫,尤其是西南地区的特产茶花、桂花、罗汉松等名贵花木,在西山公园独具优势。公园内的西山钟楼和由库里申科烈士墓园、抗战阵亡将士纪念碑、万县大轰炸白骨塔组成的西山抗战遗址群,是万州城市文明的重要标志,是万州弥足珍贵的历史文化遗产,也是西山公园的核心人文旅游资源。西山公园内传统与现代相结合、自然与人文相辉映,是长江上游著名的游览胜地。

2.使用情况分析

西山钟楼—静园的步道是西山公园的中轴线道路,也是贯穿园内的主要游览通道,公园的景点都分布在这条道路的两侧。

星期一至星期五早上7点至9点,主要使用者为健身人群,此时间段中轴道路是人群最为聚集的地点,人数大约100人至200人,主要活动为晨跑、健步;道路南侧的五洲池景区人数次之,大约30人至40人,主要活动为练太极拳;其他人群则零散分布在公园内各景区。9点至11点,当健身人群散去后,主要使用者为休闲人群,主要集中在抗战阵亡将士纪念碑、库里申科烈士墓园和其他景观区的空地,人数大约20人至40人,主要活动为合唱、唱戏。13点至17点,主要使用者为休闲人群,集中在五洲池旁和西山钟楼旁的露天茶室,人数大约80人至100人,主要活动为喝茶、棋牌;少数人在各景区游览、休息。17点至20点,主要使用者为健身人群,人群大多集中在中轴道路上,人数大约100人至200人,主要活动为跑步、健步。周末10点至16点,园内主要的使用者为中青年及儿童,主要区域集中在五洲池、游乐园,活动为儿童钓鱼及游乐设施使用,部分人群在各景点游览。

调查结果显示,平时各处分散景点以园林区活动人数较多,而烈士墓园相对人数较少。其中中轴线通道的使用人数都呈现明显的时间性变化,即7点至9点和17点至20点人数较多,其他时间人数较少;而五洲池和静园等园林景区则下午人数较多,夜间人数较少;库里申科烈士墓园等纪念设施除部分纪念日以外,全天人数都较少;游乐园在周一至周五工作日的全天人数较少,周末才焕发活力,高峰期集中在10点至16点,使用者主要为中青年及儿童。全园晚间的活动趋向单一,在中轴线道路上散步或慢跑是这个时间段大部分使用者的活动,散步或自由活动的老年人较多,慢跑的中青年比白天人数明显增加。

3.存在的问题

(1)行政管理混乱,责任单位不明确

西山公园的使用单位为万州区西山公园管理处,园林绿化由城乡建委管理,烈士纪念设施由万州革命烈士陵园管理,而这些烈士纪念设施均为文物保护单位,其文物方面又归万州区文物管理所管理。行政上的"多头管理",使西山公园面临"人人都在管,处处无人管"的行政管理难题。

(2)游览项目混杂,与纪念设施不协调

由于城市发展的需要,公园面积大幅缩小,园内部分基础设施多年失修,一些不相宜的设施和单位入驻,造成景观质量下降。目前整个园区面积约10000平方米,实际可提供游人观赏的景区仅6600平方米左右。近年来,万州区政府投入了一定资金对现有的公园道路及园内部分景点、设施进行改造,文物主管部门也对园内的文物保护单位进行过多次保护维修,但是内部纪念、体育、娱乐、动物展等项目混杂,导致公园功能分区不明确,交通主环线不明晰,旅游景观序列性差。

(3)缺乏陈列展览场所,纪念设施使用率低

西山公园的社会功能主要集中在休闲游览,园林景区使用率较高,而烈士墓园等纪念建筑使用率低,加之一直以来公园内未设置与抗战相关的历史陈列展览场所,导致公园的纪念、教育功能无法显现,与集多功能于一体的综合性园林定位不相协调,远远跟不上现代城市建设和文化发展的需要。

(二)库里申科烈士陵园的保护利用建议

1.政府提高重视程度,完善陵园管理制度

作为库里申科烈士陵园的建设、管理、维护与发展的领导者和决策者,政府部门的态度对陵园的发展与保护起着至关重要的决定性作用。政府部门只有了解库里申科烈士陵园的重要意义,明白对陵园进行保护与发展的重要性,并对这一方面的工作高度重视,才有可能将库里申科烈士陵园建设好并保护好、发展好,才有可能充分发挥陵园重要的历史、文化和社会价值。因此,政府行为应当摆在库里申科烈士陵园保护与发展策略的首位,而政府对烈士陵园足够重视的态度,则是政府执行措施、进行保护发展的先决条件和指导思想。在积极保护与发展的指导思想之下,政府部门应制定相应的库里申科烈士陵园保护与发展政策和制度。在遵循国家相应法规条例的基础上,根据当地实际情况,灵活地制定自身的保护与发展政策制度。有了完善合理的政策制度,人们在执行烈士陵园保护与发展的实际活动中才有法可依、有条不紊,从而避免不合理的建设改造和商业经营活动,以及惩罚破坏损毁等与陵园环境氛围相悖的违规活动。为了使相应政策制度得以贯彻,使陵园的管理维护和发展活动得到落实,政府应当明确库里申科烈士陵园的主要责任单位,设置专门的管理机构,配备专业的管理人员,专门负责库里申科烈士陵园的各项事务。政府其他部门诸如文化、城建、园林、环境保护、卫生部门等,需相互协作,积极配合陵园管理部门的工作。

为了使库里申科烈士陵园与时俱进地发展,不随时间而"褪色",政府部门应当具备不断改进完善烈士陵园的思想态度,适时地对参观群众进行采访调查,吸纳民意,不断改进自身的工作,并完善陵园的管理维护。除此之

外，为了充分发挥烈士陵园的历史文化价值，升华其对人们的教育意义，政府部门应当积极地举办相应的悼念先烈和爱国主义教育活动，以此提升社会各界对烈士陵园的重视度。

2.明确核心价值与主题，搭建中俄友好交流平台

苏联曾经对刚刚起步的中国有过极大的帮助，也曾是中国发展的榜样，因此中国人民对俄罗斯有着特殊的好感。同时，俄罗斯民众对中国人民也有着坚定不移的友好情感。2013年3月23日，习近平主席出访俄罗斯期间，在莫斯科国际关系学院发表了题为《顺应时代前进潮流，促进世界和平发展》的演讲。习主席在演讲中说，"国之交在于民相亲"，并在举例中提到了一位曾感动过无数中国人民的抗日英雄的名字，他就是苏联飞行大队大队长库里申科。七十几年前，库里申科驾着战机来支援中国人民的抗日战争，他在家书中写道，"像体验我的祖国的灾难一样体验着中国劳动人民正遭受的灾难"。他在战斗中壮烈牺牲，长眠在重庆市万州区。他的名字和他的故事，一直被世人传颂，是中俄之间历久弥新的友好情感的见证。

库里申科烈士陵园的发展利用，就是要以"中俄文化交流主题"为引领，组合有关史迹资源，提炼文化内涵和交流价值，促进中俄两国在研究"世界反法西斯战争"背景下的全方位、宽领域、多层次文化交流，深化和开创中俄交流项目，按照"历史内涵厚重、文化品格鲜明、时代特征强烈、区域特色浓郁、国际交流深入"的标准建立中俄文化交流基地，力争打造成为"立足库区、影响全国、辐射海内外"的"抗战文化光源"，进一步丰富万州城市文化内涵。

3.整合抗战文化资源，打造抗战城市名片

2009年，重庆市人民政府将位于西山公园内的库里申科烈士陵园、抗战阵亡将士纪念碑、万县大轰炸白骨塔整体定名为"西山抗战遗址群"，并公布为第二批重庆市级文物保护单位。这些珍贵的抗战遗址是抗日战争这段悲壮历史的不可替代的载体，是中俄两国人民为世界反法西斯战争的胜利、为维护世界和平作出卓越贡献和巨大牺牲的历史见证，同时也是万州区重要的人文旅游资源。抗战时期，苏联空军援华志愿队为中国人民的解放事业作出了不朽功勋，伟大的国际主义战士库里申科更是把自己的生命奉献给

了反法西斯战争和中国人民的抗日战争。他牺牲并长眠于万州,但万州人民没有忘记英雄库里申科,时至今日,库里申科墓园经过多次修葺,保存完好如新,中国人民和万州人民永远缅怀和纪念这位伟大的援华抗日英雄。与此同时,万县人民在抗战时期,一边忍受着日机的野蛮轰炸,一边积极支援抗日前线,为抗战的胜利作出了重要贡献。

抗战文化是万州城市文化和城市精神的一部分,我们建议打造以"援华英烈""川军抗战"为核心的"抗战名城"城市名片。这对于塑造城市形象,提升城市文化品位,提高城市知名度,扩大对外经济文化交流等都有积极意义。

4.依托区位优势,建设抗战遗址公园

重庆市政府于2009年颁布了《重庆抗战大后方历史文化研究与建设工程规划纲要》,加强对抗战遗址的抢救和保护工作,坚持抢救保护第一、合理开发。市政府成立专门的调研小组,采用多种形式加强抗战遗址的考察保护,通过出版刊物向大众宣传抗战文化,加强市民文物保护意识。同时,政府在抗战遗址保护工作上投入了大量资金,有计划地对抗战遗址进行保护。目前,重庆市政府采用多种途径加强对抗战遗址的保护,如建设抗战遗址主题公园、歌乐山抗战遗址、抗战文化主题长廊等,达到全民参与保护抗战遗址的目的,又将抗战遗址保护引入文化产业,带来了一定的经济效益,打造了重庆特色的城市名片,抗战遗址保护卓有成效。

由于库里申科烈士陵园的独特性,其赋予万州市民的凝聚力、感召力以及对战争历史的认同感具有不可替代的重要作用。同时,其所在地西山公园位于滨江路,毗邻万达广场和移民广场,公园内苍松翠柏,绿树掩映,环境优美,是城市中心难得的绿地,是深受市民喜爱和进行各种休闲活动的重要城市公共空间,也是万州区抗战类文物资源最为集中的地区。

依托西山公园的区位和环境优势,建设以库里申科烈士陵园为核心景区的西山抗战遗址公园。将公园内位于五洲池旁闲置的苏式建筑改造为库里申科烈士纪念馆,收集相关历史资料和实物,通过现代化的陈列,更为直观和方便地展示烈士的英雄事迹。将静园改造为万州区抗战历史陈列区,集中展示万州的抗战历史。进一步优化景观设计,设计一条抗战景观环线步道,通过步行游览路线将抗战遗址公园内的库里申科烈士墓、抗战阵亡将士纪念碑、万县大轰炸白骨塔等主要的抗战遗址和库里申科烈士纪念馆、抗战历史陈列区等各抗战遗址节点串联在一起,建设抗战历史文化廊道,通过以叙事为主线的方式将历史脉络完整地展现给参观者,形成抗战特色文化展示区和缅怀先烈的纪念教育线路。公园内的堡坎、岩体等立面铺装和步道、广场等平面铺装的材料与色彩要充分迎合抗战遗址表达的主题,体现历史的厚重感。参观路线中应充分利用环境地貌、植被、水景,适当布置如雕塑、轰炸遇难者姓名墙等反映抗战主题的景观,将不同的展示空间自然地衔接,使人感到空间的延续性,并引导参观者的情绪过渡,为下一个节奏场景的出现做缓冲的准备,形成丰富变换的空间场景,引发参观者的期待感。将空间感受、心理变化、信息传递等多种互动体验纳入参观体系,为游客展现一段看得见、摸得到、感同身受、主动思考的历史文化之旅。

5.提升整体品质,满足游览多样化需求

遗址公园作为城市公园休闲空间的重要组成部分,承载了历史、文化、空间、精神等多层面的内容,在城市绿地系统中具有重要的作用,不仅发挥了较好的生态效益,同时还为广大人民群众提供了开放式的休闲空间。

为了满足使用者各类活动的需求,又较好地对景观和历史文物进行保护,就必须进行合理的功能分区规划。抗战遗址公园注重营造纪念氛围的同时,应将公园分为观景休闲区、公共集会区、瞻仰祭祀区、陈列展示区、历史保护区等。观景休闲区以植物为主,拥有静谧的环境、优美的景观以及充足的休憩停留设施,满足使用者日常的游赏、休憩和锻炼需求。公共集会区一般通过广场来体现,以开阔平坦的场地为主,满足陵园举办大型祭祀活动时对场地的需求,在客流高峰时起到集散缓冲的作用。瞻仰祭祀区以烈士陵墓和纪念碑为主体,是烈士陵园的主题和中心所在。陈列展示区以陈列馆的形式出现,主要陈列展示英烈事迹、遗物等。历史保护区是根据实际情况,灵活地对公园中的历史建筑和碑石以及古树名木进行较高程度的保护的区域或景点,这一区域应当适当地限制游客的使用频率以及使用程度,以观赏瞻仰为主,避免身体体验和直接接触,并且拆除、搬迁紧邻纪念建筑的游乐园和动物园等休闲娱乐设施,合理布置公园内的健身、休闲、娱乐等服务设施。这样才能够引导和决定各区的使用情况,在各区域充分发挥作用的同时又避免了相互间的影响。除了要对内部进行合理的功能区划,抗战遗址公园与外部环境的衔接也应当有着合理的规划,这样才能减少外部环境对遗址公园内部环境的影响,并且使公园内部景观与周边环境协调地衔接。

通过合理规划布局,才能充分满足市民多样化的需求,充分发挥遗址公园作为城市公共空间的公众服务功能,提升抗战遗址公园的整体品质,提高公众对抗战遗址公园的认可度和满意度,这也是对城市历史的尊重与保护,使城市文脉得到更好的延续。

三、小结

随着休闲时代的到来、人们消费理念的转变和对休闲要求的不断提高,传统烈士陵园的建设、功能、管理已无法满足人们多样化的需求。新的发展思路在给烈士陵园带来良好经济和社会效益的同时,也带来了传统与现代冲突、文化传承的表面与片面、建设性破坏等一系列问题。我们认为库里申科烈士陵园应在追求抗战文化及其精神的传承、追求高质量的游憩品质、追求精神的愉悦体验的基础上进行保护利用,以游憩结合、寻求精神的愉悦体验、建设具有社会吸引力的烈士陵园为目标。尊重历史、突显主题、整合资源,实现库里申科烈士陵园的保护。更新观念、创新发展,对陵园进行环境园林化、氛围休闲化、陈列艺术化、景观人性化的规划设计。完善功能、提升品质,从游憩品质角度对陵园进行品质提升。由于研究成果不成体系,陵园保护利用规划思想的理论研究不够,对库里申科烈士陵园规划思想的理论和方法体系的进一步深化和完善有待更多的后续研究。

第三章

张自忠墓保护与利用研究

全面抗战爆发后,地不分南北,人不分老幼,全国人民义无反顾投身到抗击日本侵略者的洪流之中。当时的一篇报纸社评这样写道:"今天南北战场上,是争着死,抢着死,因为大家有绝对的信仰,知道牺牲自己,是换取中华民族子子孙孙万代的独立自由,并且确有把握,一定达到。"而张自忠就是抱着这样想法的一个人,最终他也践行了自己"流血沙场、马革裹尸"的誓言。

张将军牺牲后,其灵柩先从湖北宜城运往重庆储奇门码头,后运往北碚雨台山下葬。[1]1940年至今,墓园经过多次扩大和维修,形成现在的规模。

迄今为止,国内专门针对张自忠烈士墓园本身研究的学术论著并不多见,大部分是研究张自忠本人基本历史信息[2]。《张自忠将军陵园资料》(《北碚文史》第二辑,政协重庆市北碚区委员会文史资料委员会编,1987年)是比较早介绍张自忠墓园的文史资料。该书内容包括张自忠略传、挽联题词、回忆性文章、墓园基本情况。附录是张自忠将军资料篇目索引,比较详细地收

---

[1] 张自忠灵柩被运至北碚双柏树农业推广所暂放,1940年11月16日,"权厝"于雨台山山麓。因国民政府考虑抗战后,将灵柩运往南京,故称"权厝"。
[2] 关于张自忠本人基本历史信息的研究成果非常丰硕,相关著作:最早的是《张上将自忠画传》和《张上将自忠纪念集》(两书是张上将自忠传记编纂委员会编,张上将自忠纪念委员会出版,《画传》是1947年出版,《纪念集》是1948年出版),张自忠的传记、年谱、回忆纪念集非常多,有二十余部之多,比较有代表性的是林治波的《抗战军人之魂——张自忠将军传》(广西师范大学出版社,1993年)、《张上将自忠年谱简编》(《张上将自忠年谱简编》编辑委员会编,中国传媒大学出版社,2011年)、《精忠报国——张自忠将军史料专辑》(张自忠将军史料征集出版工作委员会编辑,1991年)、《回忆张自忠》(全国政协文史和学习委员会编,中国文史出版社,2015年)等。相关论文:纪念和追悼张自忠的纪念性文章比较多,比如周海滨的《张自忠:从留守北平到抗日殉国 张廉云讲述父亲生平》(《中国经济周刊》,2010年第27期),龚亚芹、杨传奇的"抗战军人之魂":张自忠》(《湖北档案》,2011年第8期),等等。除此之外,还有张自忠七七事变留守北平引发的争议,比较有代表性的是鲁荣林的《关于张自忠的一段公案》(《史学月刊》,1990年第6期),赵延庆的《宋哲元为什么要张自忠留在北平》(《抗日战争研究》,1997年第3期),张庆隆、车晴的《"七七事变"后张自忠留守北平的真相》(《北京社会科学》,2008年第4期)。

录了1940年7月7日到1985年12月期间,张自忠的勋绩、荣哀、葬礼、祭祀、悼唁诗文、纪念、护建墓园设施等资料篇目。其中郭昭华的《简述张自忠将军墓葬》一文,比较简略地介绍了运送张自忠灵柩至渝、建立权厝、当时国人悼念情况、墓园历次扩建和维修情况。李波主编的《重庆抗战遗址遗迹图文集》(重庆大学出版社,2011)对张自忠墓园有简单的图文介绍。黄晓东、张荣祥主编《重庆抗战遗址遗迹保护研究》(重庆出版社,2013)一书中对张自忠墓保护利用提出简略的建议。专门针对张自忠墓园本身进行研究,并提出保护利用措施的相关论著很少。

张自忠烈士墓园属于抗战烈士纪念设施,国内学术界关于此类设施的研究成果比较多,有的是纪念设施个案研究,有的关注纪念设施在史料学上的价值,有的则从建筑学角度展开讨论。

以上研究存在不足之处,具体到张自忠墓:首先,研究只是对张自忠墓园进行图解式的大概介绍,缺乏对陵园沿革、遗骨迁葬等情况的具体介绍。其次,当前研究主要侧重于对张自忠本人历史信息及对其追悼、纪念信息的梳理,对张自忠墓园建筑本体的研究不多,仅有的墓园本体研究最多是针对墓园(陵园)景观、纪念设施作介绍,而对其保护、利用,研究没有提出建设性意见和建议。

第一节 张自忠墓园历史信息梳理

一、张自忠将军生平

张自忠(1891—1940),抗日民族英雄。山东临清人,字荩忱。1911年考入天津北洋法政学堂,1914年投笔从戎。1916年转入冯玉祥部。历任连长、营长、团长、旅长、师长、军官学校校长、总部副官长等职。1931年任国民党第二十九军第三十八师师长。1933年参加长城抗战,获喜峰口大捷。1935年华北事变后,任察哈尔省政府主席、天津市市长。七七事变后,奉命代理冀察政务委员会委员长、冀察绥靖公署主任兼北平市长。1937年年底回归旧部,代理五十九军军长。次年,参加台儿庄会战、徐州突围、武汉保卫战,以战功升任第二十七军团军团长、第三十三集团军总司令、第五战区右集团军总司令。1939年晋上将衔,参加随枣会战、冬季攻势,歼敌甚众。1940年5月,参加枣宜会战。5月16日,在湖北宜城南瓜店遭日军重兵合围,力战不退,壮烈殉国。

二、张自忠灵柩的运送与安葬

张自忠将军,在中国人民抗日战争暨世界反法西斯战争中,屡建奇功,升任第三十三集团军总司令兼第五战区右集团军总司令,于1940年5月16日,在鄂西枣宜会战中,于宜城县南瓜店十里长山岗顶壮烈殉国。其遗体当日晚被日军十三师团草葬于陈家集(现湖北省襄阳县属)。

18日,五十九军三十八师黄维纲部赶到,获悉张将军殉国经过和葬处,连夜派人把张将军遗体运回三十八师师部。经师长黄维纲、参议李致远等开棺检视,确是张自忠将军,当即决定派部队护送遗体过襄河。20日,张将军遗体运至荆门县快活铺第三十三集团军总部。

在总部医疗队人员用酒精擦洗张将军遗体全身。冯治安代总司令亲自察看张将军伤势,其最重一处是炮弹伤(胸部洞穿),一处是刺刀伤,全身共负重伤7处,一一用绷带包扎。其时,接到国民政府军事委员会电,命用上将礼服重新装殓。张将军遗体身着草绿包马裤呢军服,佩上将领章,殓入临时从宜昌购来的棺材,在总部停枢3天,让军民各界祭奠。

此时传来消息,日军将抢渡襄河,再次进攻。冯总司令当即命五十九军参议李致远、总部顾问徐维烈等,同张将军唯一亲属——任职于第三十三集团军的张将军的侄儿张廉卿,护送张将军灵柩至重庆下葬。

5月28日晨八时,灵枢抵重庆储奇门。国民政府军事委员会委员长蒋介石、副委员长冯玉祥等都到码头迎灵,并登轮绕灵致哀,抚棺上岸,随即在码头预设的灵堂里举行了隆重的祭奠仪式。九时启碇入嘉陵江。下午六时抵北碚,北碚各界自十八军军长彭善以下,迎榇致祭。八时灵榇运抵北碚镇西八里之双柏三峡农业推广所,停于所内。

29日晨七时,冯玉祥副委员长来祭。八时北碚各界公祭。

自灵移抵双柏树至十一月十六日权厝梅花山,各界民众团体学者名流暨军政官长陆续来吊。

一个将军，一个军人，把宝贵的生命，献给国家与民族，战死沙场，是中华民族军人军魂的崇高表现，是死得其所，死得伟大，死得光荣。

张自忠殉国后，国民政府为避免影响全国抗战士气，未立即公开发表消息，直到同年七七抗战三周年纪念日，才将此公诸报端。1940年7月7日抗战三周年纪念日，《中央日报》发布国民政府军事委员会委员长蒋介石策勉军民，团结奋斗，完成神圣使命书，又发表告友邦书，告全国军民书指出：抗战军事由被动转为主动，由防御转为进攻，最后胜利有把握；又在第三版将"张自忠将军为国捐躯"消息公告于世，通电追述将军生平，中央盛典褒奖，择期追悼。

噩耗传出，举国震悼，哀悼英灵。

7月7日当天，全国各地悬挂国旗，张灯结彩，纪念七七；又以青帐、素花、焚香、燃烛，隆重公祭张自忠将军及阵亡将士与死难同胞，同时慰问荣誉军人及抗属。

重庆有市中、沙坪、南岸、江北等区，分别召开纪念与追悼会，讨伐了日寇滔天罪行，颂扬了张自忠将军等阵亡将士的爱国主义精神，激发了抵抗日本帝国主义侵略的高昂情绪。正如冯玉祥在纪念张自忠的诗中所说，"不打到鸭绿江边去，誓死不完"，向日寇讨还血债，坚决战胜日本帝国主义的怒吼声，汹涌澎湃！

各大报纸上纷纷发表文章悼念张自忠将军：

《中央日报》载文《悼念张自忠将军》："……张将军作战的忠勇，全国早已知名，他不但为他们的士卒所爱戴，抑且为全国民众所推重，他不幸的噩耗传来，实为全国所痛惜……我们追踪张将军伟大的牺牲精神，而奋勇前进！张将军精神不死，中国一定胜利！"

《大公报》载《张总司令自忠转战疆场竟以身殉》的长篇报道，赞："将军英勇过人，每战必身先士卒，已成个人的习惯，此次竟至殒身报国，亦职是之故……将军之死，可以发挥民族正气……"

《新华日报》刊登《张自忠将军为国捐躯》的长篇报道，对他忠勇报国，予以崇高的评价；为其为国捐躯，深致哀悼之情。

《扫荡报》为文道:"凡是中华民族的儿女,谁都为之痛苦流泪来哀悼这一位伟大的民族英雄。"

《香港大公报》在《哀悼张自忠将军》文中写道:"……这次豫鄂会战,我军以血肉创造了空前大胜,而荩忱将军于本月16日在枣阳附近壮烈殉国,消息传来,令人震悼……张将军的人格和精神是一贯的,他的死无疑是重于泰山。"

中国共产党对张自忠将军的牺牲,也深感震惊和痛惜。因路途遥远、交通阻隔,延安军民直到8月6日才获知张将军殉国的消息。当天《新华日报》就发表了《悼念张自忠将军》的社论。社论说:"张将军对抗战之功极大,今并以身殉国,将其最后一滴血献给了抗战,既成功又成仁,的确堪为炎黄的优秀子孙,模范的民族革命军人,流芳百世的民族英雄……"8月15日下午,延安各界代表1000多人,聚集于中央大礼堂为张自忠等殉国将领举行隆重的追悼大会。主席台上正中悬挂着张自忠巨幅画像。中共中央领导人毛泽东、朱德、周恩来分别题写了"尽忠报国""成仁成义""为国捐躯"等挽词。

1943年5月16日,时任中共中央南方局书记的周恩来在张自忠将军殉国3周年之际为《新华日报》撰写社论——《追念张荩忱上将》。文中指出:张上将是一方面的统帅,他的殉国,影响之大,决非他人可比……追主津政,忍辱待时,张上将殆又为人之所不能为。抗战既起,张故上将奋起当先,所向无敌,而临沂一役,更成为台儿庄大捷之序幕……深觉其忠义之志、壮烈之气,直可以为我国抗战军人之魂!

1946年5月16日,张自忠将军殉国六周年纪念日,各界人士于张将军墓前举行祭奠,由军事委员会冯玉祥副委员长主祭。在祭典上,冯玉祥提出希望国家能迅速举行张上将国葬典礼,同时希望北碚士绅能在梅花山墓地上给与便利,能够依照原定计划,修建公园、牌坊、三座亭、五间享堂,以资纪念。

在张自忠将军牺牲地——宜城,人民修整了十里长山张将军殉难纪念碑和同难官兵公墓。1984年襄樊市(今襄阳市)将"张上将自忠殉国处"纪念碑和"张上将自忠同难官兵公墓"列为市级重点文物保护单位。为了方便人们上山参观瞻仰"殉难处"和"官兵公墓",新街乡政府组织数千群众,历时半月,修筑了长达4公里的盘山公路。

三、张自忠墓园的形成过程

张自忠将军的忠骸于1940年5月28日,运抵北碚,旋被护送至双柏树三峡农业推广所,在所内设灵堂停放、致哀、祭奠。接着治丧处选暂厝墓址,最后选定雨台山麓,经蒋介石派人察看确定位置后,才定为张将军"权厝"地,嗣即修建墓穴。墓穴修建前,将军灵柩浅葬于农推所内(即会上田正堂屋)地坝搭设灵堂以资祭奠。

墓穴修建由张上将墓园筹建委员会委员长冯玉祥将军领导,国民政府军事委员会津贴国币600元,购置土地,委托地方当局——嘉陵江三峡乡村建设实验区署办理。区长卢子英派新村工作队中队长刘骐良具体负责,承包给梅炳云、张合夫二人修建。

嘉陵江三峡乡村建设实验区署呈国民政府军事委员会办公厅的《关于张自忠墓地占用农民袁鸿镒熟地并办理津贴发放事宜的呈公函》①显示,墓茔占地面积宽15丈,长20尺,折合3267平方公尺,以600元向农民袁鸿镒购买使用,立约为据。

墓茔于1940年9月3日开工,按图施工,历时40天竣工,确保了1940年11月16日举行隆重的"权厝"下葬仪式。

墓茔依山而建,坐南朝北。墓为圆形,顶部泥土堆封,下部用石条镶边成直立的圆柱体。边高1.31米,周长21米,直径6.4米,墓高2.64米。正面为"凸"字形牌坊紧护,坊两端高1.51米,中高1.8米。墓前有祭台和一小块平坦坝地;墓左、右、后三面有1.5—2.5米宽的茔道,可绕道凭吊。

整个墓茔工程,当时承包费2000元,后因采用新石材和墓顶改用坚石起拱砌成半圆弧形,两项超支1108元,建造费共为3108元。超支金额,经国民政府军事委员会办公厅主任商震姑允在500元内核销,不足部分请地方当局(嘉陵江三峡实验区署)酌予补给。

鹿钟麟给李维城写信,转冯玉祥给鹿钟麟的信件,信中建议组织张故上

---

① 重庆市档案馆档案,编号0081-0004-0023-0000-0050-0000。

将自忠墓园筹建委员会,冯玉祥的信函内容如下:

俊杰、子良、绍文、筱山、维城、瑞伯、子画、次辰、心清、煜如各位同志大鉴:

为了张故上将自忠墓园的事,拟请各位组织一张自忠上将墓园筹备委员会。盖三十六同盟国间真正在最前线阵亡者,只有此一位集团军总司令。其坟墓在北碚附近的汽车路旁,杂草横生,荒芜异常,满目凄凉,中外过往人等参观络绎不绝,多半哀声叹气。有的说上将为国牺牲,结果就是这样。有的说墓地如此冷落,社会人士未免太无温情了。长此下去,不但为朋友者,对不住张上将,及全国大众,也未免良心不安。因此,玉祥拟请各位热心义举的好朋友们成立一个筹备会,不悉可否。如以为可,即请赐覆。

特此即颂
康健

冯玉祥敬启[①]

后由张上将墓园筹建委员会委员长冯玉祥捐修了一块大石碑,立于墓道旁公路边,蒋介石亲题"英烈千秋"四字镌刻于大石碑上。鹿钟麟、薛笃弼、张树声三位先生募建了园当中左、中、右三个亭子。

1943年,冯玉祥副委员长为张自忠将军墓亲笔隶书"张上将自忠之墓"墓碑,立于墓前。又仿明史可法葬扬州梅花岭之义,取梅花清白如雪、芳香而不污染的形象,表现张自忠以民族大义为重、忠贞不渝、宁死不屈的精神,特意把雨台山改名为"梅花山",并亲笔隶书"梅花山"三个大字,刻石置于墓前壁,又在墓园内亲植腊梅数株。至此,张自忠将军的墓园始建成,它成为缅怀、瞻仰、祭奠张自忠将军的圣地。

此后,墓园筹建委员会委员长冯玉祥将军为进一步扩建墓园,请三峡实验区署卢子英区长代为购置土地15亩,多次致函,开始报价50万,下半年报

[①] 重庆市档案馆档案《关于邀请出席上将张自忠墓园筹建委员会会议致李维城的函》,档案编号:295-0002-0054-7000-0004-0000。

价90万,后又报价200万。遂以四川省政府张群名义下令,略云:

> 张上将忠贞报国,世所同钦,忠骸下葬该管地方,是为江山增色,地方人士亦应踊跃协助,乐观厥成。乃各该地主迭次增值,意近居奇,殊属不明大义。仰速晓谕该土地所有人等事务即会同墓园筹建会,可派人仍按原价五十万,限期妥为协议成交,具报。倘再故违,应予依法征用,勿再延玩为要。

区署奉命前往召集各农户,多次晓以大义,但因当时物价与日俱增,按原价购置相差太远,卒无结果。

现在有不少瞻仰、参观人士发问,张将军的忠骸为什么葬在北碚?众所周知,当时日本侵略军,已侵占我大半个中国,国民政府被迫迁都重庆,重庆市中区常被日机轰炸,北碚地区处于市中区郊,较为安全,兼以水陆交通方便,风光秀丽,故权厝于此。

1947年5月10日,国民政府发布国葬令,决定将张自忠将军的灵柩运回南京举行国葬,令内政部依法筹办,定期举行,但因忙于内战,卒未办理。

1953年张自忠胞弟张自明写信给周总理,称其兄张自忠为抗日捐躯,遗骸权厝于重庆市北碚梅花山,灵柩尚在地面,并未入土,造墓工程潦草,屡有坍塌,要求协助起运灵柩,迁葬北方。周总理批内务部复信:因路途遥远,起运灵柩,迁葬北方,诸多不便,张自忠将军之灵柩,仍以安葬在重庆为宜。

第二节 张自忠墓的现状调查和价值评估

一、张自忠墓的保护现状

(一)地理位置

张自忠墓位于重庆市北碚区西南隅梅花山麓。北碚区东接渝北区,南连沙坪坝区,西界璧山县,北邻合川市。北碚交通发达,是重庆进出川北的咽喉要地。襄渝铁路横穿东西,嘉陵江黄金水道纵贯南北,区间干道连接四面八方。北碚距重庆市中心24公里,距重庆江北国际机场27公里,交通极为便捷。其附近有老舍旧居、梁实秋旧居、中国西部科学院旧址、川东行署旧址(西南大学内)等文物遗迹。

(二)环境状况

北碚,因浓郁的文化氛围、著名的风景名胜、雄厚的科技实力、秀丽的花园城市而名扬四方,享有重庆"后花园"的美誉。北碚旅游资源十分丰富,有缙云山、北温泉、嘉陵江小三峡、金刀峡、胜天湖等著名景点60多处;有文物景点100余处,抗战文化资源极具特色,抗战遗址类文物点27个。

北碚属亚热带季风湿润气候,热量丰富,雨量充沛,有春早、夏热、秋短、冬迟之特征。年平均气温18℃。土壤以紫色土、水稻土为主。

(三)张自忠墓的历次维修情况及现状

1.张自忠墓的历次维修

张自忠将军的墓茔和墓园,从1940年到1984年期间,大的维修共有5次。每次维修都针对当时出现的问题,给予适当的维护,认真保持了原貌。

第一次维修是1954年初。重庆市人民政府按照中央人民政府内务部1953年12月2日给张自忠胞弟张自明先生的复信称:希望重庆市对其兄的坟墓加以照管,并给予适当整修。对此,市政府民政局于1953年12月22日下函通知北碚区,并拨给150万维修费。区人民政府委托民政科请了工人,备了材料,对墓茔裂缝、茔堡和祭奠地坝以及上墓园的道路等,一一进行修复。1954年元旦底维修完工,区人民政府向市民政局报销了上述费用。

第二次维修是在1959年。张自忠将军胞弟张自明先生给北碚民政科汇来现金8000元,作为修缮张自忠将军墓地经费。当时民政科科长刘学和与吴庆华委托廖冰儒从当年10月开始备办石料、灰料,用平车运去梅花山墓地。至12月,料备齐后,即由杨伯川、顾清石等石工、泥工进行安砌。因这次工程量较大,请了当时区市政工程队施工员吴定域进行技术指导。翌年3月,张自明先生请家住上海的马副官(张自忠将军原来的副官)来碚督促维修,他每天到墓地察看修葺进程,并随时写信给张自明先生通报情况。5月初,张自明先生亲来北碚,住区人民委员会招待所。区领导派专人,在生活上予以照顾。据张自明先生谈,这次汇来的修缮费,不属于政府拨款,纯系家族共同投资。张自明先生一行一到北碚,迅即察看墓地修葺情况,直到张自忠墓维修工程全部完成并验收后才离碚返回北京。

这次维修,主要是对张将军权厝地面之灵柩,下葬入土,须将原墓穴撤去部分,下葬后再重新修复,且多为石料安砌,故工程量比较大。同时,对墓园道路做了修整,于园内遍植花木,精心绿化。

第三次维修是1962年。将军胞弟张自明先生向周总理写信,反映张将军墓由于管理不好,墓园遭到破坏,树木被砍伐,垃圾成堆,要求政府严加保护。此信转批北碚区后,区人民委员会组织了办公室、民政科、城建科等单位负责同志前往墓园检查,检查情况是:

(1)关于垃圾成堆的问题。经检查,墓园没有堆放垃圾。只是当年4月,管理墓园的人铲有杂草堆成小堆,未及时运走。

(2)关于"树木砍伐"的问题。在1960年,张自忠墓园培修之后,由于北碚区1961年遭受严重旱灾,梅花山一带树木和其他山坡树木一样,曾因过度干旱枯死,致大量树木毁坏。但也曾发现附近公社社员,借树木枯死,砍掉杨槐树三根,梧桐树一根,对砍树社员已进行过教育。

(3)关于"墓园管理"的问题。从当年4月起固定专人看管(谢海云),每月工资9元,同时决定对梅花山小学、公社大队干部和附近社员进行"保护墓园"的教育。

(4)关于"墓园绿化"的问题。决定大量培植花木,并制订计划:上半年植树3126株,内有夹竹桃400株,女贞2000株,草花500株,香樟14株,紫金花10株,象牙红2株,其他200株,5月底完成;下半年继续栽种春梅、腊梅、大本芙蓉、大黄桷树。并增设石圆桌2张,石鼓凳8个,石条凳4根。

第四次维修是在1980年。民政部下拨5000元,要求维修张自忠将军墓。区民政科委托殡仪馆黄履书负责维修,区统建办公室何西柱设计了维修草图,由双柏树队袁正常承包此项工程,从是年7月开工,至12月竣工。

此次维修工程主要是:将墓茔顶三合灰换成片石砌封,周围条石和墓茔牌坊照原样修复,清除墓茔周围泥土,平整为水泥地坝,在墓背壁修一条环山水沟,使山洪、泥土排泄顺畅,维护墓园安全。又用三合灰修复墓壁,新建墓前石壁,将"梅花山"三个大字嵌入壁中,其两侧各建石梯11级,梯与石壁之间各竖石柱两根,使茔貌更加庄重严整。

按上述设计图进行维修,嗣以经费不足,暂停施工。后向上级报告,民政部于1981年又拨款5000元,继续维修。

第五次维修是在1981年9月。其主要工程是在墓前石壁下修一长方形和半圆形花池。新修墓园围墙、大门柱以及大铁门,以防牧畜出入。同时,在江北县静观花圃购买了大量花木,对墓园进一步绿化。又因大门两旁半圆形图案笔柏因修枝过头,失去美观,乃新栽常绿香樟,使成弧形,加以陪衬。至此,一个花木并茂、景色蓊郁的张自忠墓园便初步形成。

除了以上几次比较大规模的维修之外,还有以下几次小维修:

北碚区文物管理部门认真贯彻《中华人民共和国文物保护法》及其相关条例,认真执行"保护为主,抢救第一,合理利用,加强管理"的文物工作方针,做好文物本体的保养维修,加强配套设施建设。张自忠将军纪念馆于1985年初建成,建成时间比较久。2009年国家发改委拨款、区民政局自筹资金对陵园进行了保护性改造,修铸了将军纪念铜像,新建了抗战纪念广场和爱国主义教育浮雕。北碚区民政局委托重庆仪表建筑设计研究院有限公司对张自忠烈士陵园做了《修缮工程设计方案》,对陵园进行进一步维护和修缮;委托重庆红岩联线文化发展管理中心对张自忠将军纪念馆陈列内容进行改陈设计和制作。北碚区对将军纪念馆全面装修提等升级,增加了电子阅览系统,到各地搜集材料进一步充实史料、照片,在南京第二档案馆收集到将军荣誉状、国民政府褒扬令、蒋介石发给宋哲元的三封电报等史料。维护和修缮工程合格验收,改陈后纪念馆正式对外开放。

2015年,为迎接抗战胜利70周年、张自忠将军殉国75周年,陵园重新维修了张自忠墓园的环山步道,以供人们悼念张自忠将军。

2016年6月,启动张自忠烈士陵园池塘水环境保护工程,9月份完工。

2.张自忠墓园的扩建

张自忠墓园比较大规模的扩建有三次,时间分别是1984年、1990年、2000年。

1984年7月24日,为了纪念革命烈士张自忠将军殉国45周年和纪念世界反法西斯战争与抗日战争胜利40周年暨迎接省、市、区对抗日烈士举行隆重的敬献花圈仪式活动,宣传抗日英雄张自忠将军的事迹,重庆市北碚区政府请示市委,提出对张自忠墓园进行扩建。请示以下问题:(1)关于树碑问题。建墓当时只立蒋介石题词的一块碑,相关部门及广大群众要求竖立我党和国家领导人的题词碑。建议毛泽东、周恩来、朱德同志的题词和张自忠烈士事迹碑一起立在现墓基前的道路正中;蒋介石的题词碑在解放初期已毁坏,是否恢复?(2)进墓道路。从碚青公路进入墓地,历来只有一条400多米的泥泞小道,扫墓群众要求修建一条比较宽敞的水泥路。经察看,拟修建一条由公路直上墓地,长约300米,宽约6米的水泥路。(3)墓后的滑坡处理。由于墓地山坡上的绿化损坏,加上过去在墓的后山顶上修建喷灌池时施工放炮,震烈山层,墓地长期浸水。如不治理,容易造成滑坡推山,必须开沟防洪,治理山脊。(4)墓地原有面积。经查市档案馆历史档案记载张自忠墓地面积系当时国民政府军事委员会办公厅以国币600元从农民袁鸿镒购买,写明坟地"宽约十五丈,长约二十丈,坟地周围将来栽培树株,亦约地数丈",据此,认为此墓地约五亩,今年拟请收回一亩。(5)墓名问题。原地名为"抗日阵亡将领张自忠陵墓",现亲属提出尽量简短为好,初步意见为"张自忠烈士墓"。根据《关于张自忠陈列馆及道路等的修建协议书》,最终对墓后的滑坡进行处理,修水沟一条和出水口,石踏步为自然斜坡,便于疏排积水;修建一条进园墓道;平整场地;建张自忠陈列室。树碑的问题,在陈列室序厅部分,展示毛泽东、周恩来、朱德、彭德怀同志的挽联。经研究决定市拨款4万元,区拨款3.5万元,征地3亩,修建了一栋152平方米的爱国将领张自忠烈士事迹陈列馆、进园便道,解决了当时的急需。

  1990年,为了纪念革命烈士张自忠将军殉国50周年、诞辰100周年,民政部拨款15万、市拨款12万元、区拨款15万元,共计42万元,征地1.25亩,新建一座面积达208平方米的"张自忠将军纪念馆",将原来的陈列馆改建为"陵园接待厅"。又在馆、厅之间建造了以青石板铺面的面积达570平方米的纪念广场,可容纳1000人进行纪念活动。在墓茔与纪念广场之间,新建长方形花池两个,池内以灌木培植成"尽忠报国"四个大字,即便百米之外亦清晰可见。广场正南侧正中,立一陵园标志碑,上镏金镌刻"全国重点烈士纪念建筑保护单位——张自忠烈士陵园"。在广场北侧入口处两旁,塑造中华雄狮一对。另修陵园大门、引道、花池、林带等,使整个陵园林木苍翠、秀气磅礴,令人有威严肃穆之感。

此次扩建得到领导重视和各方支持,现概述如下:

各级党政领导十分重视,中华人民共和国民政部专门下达张自忠陵园扩建任务,中共重庆市委、市民政局领导对张自忠烈士陵园建设十分关心,多次要求市政协、市民政局、市委统战部抓紧扩建张自忠烈士陵园,以迎接张将军殉国50周年暨诞辰100周年纪念大会的召开。中共北碚区委、区政府委托区政协、区委统战部、区民政局具体落实此项任务。区政协派一副主席亲自抓,区委统战部负责纪念大会的筹备工作,区民政局负责陵园扩建工作。

在修建过程中,由于工期短、时间紧(整个扩建工程只有3个月),尤其是纪念馆建筑上升工程40天必须如期完成,更感紧迫。为了按时完成扩建任务,区委领导多次召开会议,研究、解决修建中的问题,同时,还多次到陵园施工现场检查督促,并开现场办公会议解决修建中的实际问题。

陵园的扩建工程,虽然由建筑公司承包,但由于陵园的水、电条件皆不具备,且道路条件十分差,给施工造成很多困难。为施工顺利,区委专门召开区级有关部门协作会议。会上在讲明这次扩建陵园的工程的重大意义后,要求各个单位一定要把扩建陵园的工程当成政治任务来抓,通力合作,各方支持。随即部署了各部门的具体任务:区国土局、金刚碑乡人民政府通过协调工作,迅速签订征地协议;区民政局办理土地申报和征地手续;金刚碑乡人民政府于4月2日前做好工作,将墓园绿化地内四座坟墓全部迁走;北碚供电局于3月28日前安好电表,4月1日通电,保证施工用电;北碚自来水厂于4月4日前将水管安装完毕通水;区计经委在物资紧张的情况下,也要挤出钢材2吨、木材10立方米和高标号水泥5吨,支持此项工程;区城乡建委迅速解决工程技术问题;绿化科、绿化队全部精力投入墓园绿化;区财政局要积极筹措经费,支持陵园建设;歇马建筑公司、重庆建筑艺术雕塑厂要按时完成工程与雕塑任务。会后,各单位雷厉风行,积极行动,据4月11日察看,分配任务单位均按时或提前完成各自任务。

整个扩建工程由区政府主办,区民政局优安科具体承办。承办者首先提出了陵园扩建工程的大体设想,交设计部门进行总体规划。在总体规划指导下,进行单体设计,重庆前进技术服务部设计室在精心设计的前提下,采取边设计、边施工的办法,赢得了时间,特别是纪念馆建筑上升工程,在短短的1个月零10天内,即告竣工,且达到优良工程标准,受到上级领导及张自忠将军亲属的赞扬。

2000年1月,在民政部、市民政局的大力支持下,北碚区政府划拨近20亩地,对张自忠烈士陵园再次进行改扩建(碚计经〔2000〕134号关于同意扩建"张自忠烈士陵园"项目立项的批复),一是扩大了陵园面积(扩大至25亩);二是增加了陵园绿化面积,修建了陵园道路;三是修建了墓茔区的围墙,用青石板重新铺设墓茔区域和瞻仰区域;四是对张自忠将军纪念馆的展板重新布展;五是重修陵园大门和引道。

3.张自忠墓园现状

整个陵园依山而建,坐南朝北,现占地25亩,原只有墓茔区,后增加了绿化区、瞻仰区、纪念广场、张自忠铜像、抗战文化群雕。

陵园南端最高处为墓茔区。墓成圆形,高2.64米,直径6.4米,顶部片石砌封,周以条石镶边,边高1.31米,正面为"凸"字形石牌坊紧护,坊两端高1.31米,中高1.8米。墓左、右、后三面有1.5至2.5米宽的茔道,可供绕墓凭吊。墓前正中立有冯玉祥将军亲笔隶书"张上将自忠之墓"墓碑,碑高连座2.53米,宽1.6米。墓左侧前方有其胞弟张自明率侄男廉珍、侄女廉云前来祭奠时的墓表,墓表连底座高2.89米,宽1.1米。墓前石壁正中刻有冯玉祥所题"梅花山"三个红色隶书字。围墙高1.6米,周长约180米,中接"梅花"图案铁门,与墙外榕、槐、樟、柏构成一拥翠挺秀的墓茔区。

张自忠烈士陵园全景(图片来源:北碚区烈士陵园管理处)

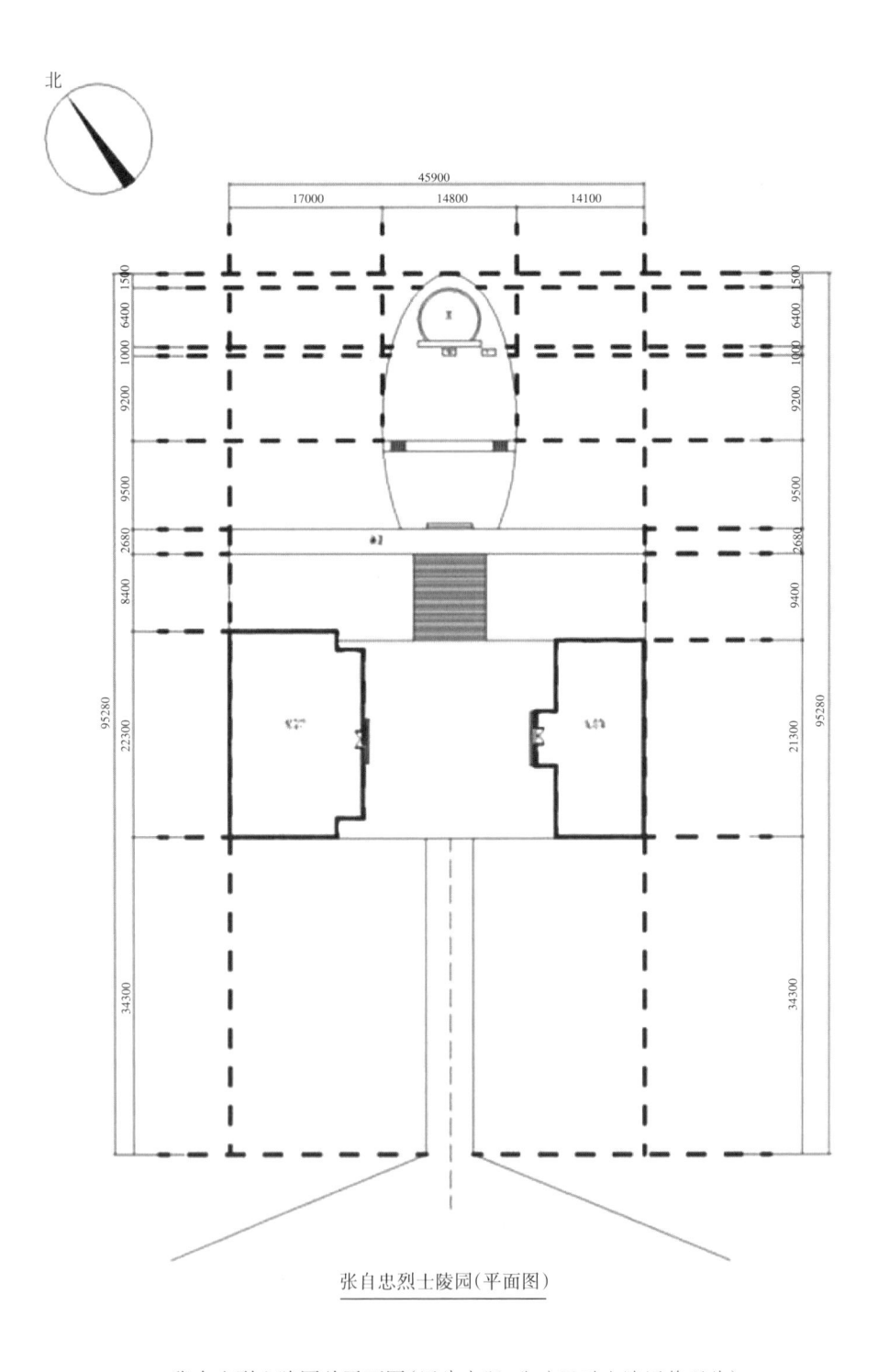

张自忠烈士陵园(平面图)

张自忠烈士陵园总平面图(图片来源:北碚区烈士陵园管理处)

张自忠墓(图片来源:北碚区烈士陵园管理处)

墓茔铁门前为绿化区。有一长方形斜坡,坡周围植麦冬为边,成方形花圃,内植铁线草。中用黄杨嵌植成长宽各3米的"尽忠报国"四个大字。两旁为丛林绿化地,松柏长青。正中有石梯34级,梯宽8米,长约16米,自南而北,纵贯斜坡,上接墓茔区铁门,下连纪念区林带。

梯下林带前为瞻仰区,中为纪念广场,以青石板铺砌,平整光洁,面积570平方米,可供1000人进行纪念活动。广场东侧有将军纪念馆,馆为平房,砖混结构,粉白砖墙,屋檐四周覆以蓝色琉璃瓦,配以园林式门窗,浑体素色,古朴典雅,建筑面积208平方米。馆门正中悬有民革中央主席屈武手书"张自忠将军纪念馆"匾额。张自忠将军纪念馆原建于1985年初,整个馆展出张自忠烈士生平事迹和历次纪念会盛况等图片、报章等文献186种214件。2009年,纪念馆展厅投资70万元,到各地搜集材料进一步充实史料、照

张自忠墓墓表(图片来源:北碚区烈士陵园管理处)

张自忠将军纪念馆（图片来源：北碚区烈士陵园管理处）

片，其中有国共两党领导人分别为张自忠将军题写的挽词、将军荣誉状、褒扬令等。展览展现了将军少年好学、痛心国势、投笔从戎、痛击日寇、力撑危局、壮烈牺牲等波澜壮阔的一生。

抗战纪念广场主要景观浮雕墙，投资146万元，长23米，高4米，有25个人物形象，主要反映反法西斯战争的场景，背景红砂石寓意长城，抗战将领保卫河山、保卫国家，红砂石形状为"1940516"，为将军牺牲的时间。

1983年12月1日，重庆市人民政府公布张自忠墓为重庆市重点文物保护单位。1985年，四川省人民政府决定张自忠墓列入省重点文物保护单位。1986年10月15日，国务院批准张自忠墓为"张自忠烈士陵园"，经民政部颁布，张自忠烈士陵园为首批32个全国重点烈士纪念建筑物保护单位之一。1995年1月，国家民政部授予"爱国主义教育基地"。1997年11月，中共重庆市委、重庆市人民政府授予"重庆市爱国主义教育基地"；1998年11月，授予"重庆市青少年教育基地"。

每年5月16日是张自忠将军的殉国日，社会各界人士均来到陵园进行祭奠活动。该陵园已成为后人缅怀、祭奠张自忠将军和进行爱国主义教育的圣地。

（四）保护与管理

1. 保护管理机构

1997年9月，北碚区成立重庆市北碚区烈士陵园管理处，管理张自忠烈士陵园和王朴烈士陵园，办公室设在张自忠烈士陵园，编制4人，正科级单位。

1983年12月1日,重庆市人民政府公布其为重庆市文物保护单位;1986年10月28日,中华人民共和国民政部公布其为全国重点烈士纪念建筑物保护单位;1995年1月,中华人民共和国民政部授予其"爱国主义教育基地";1997年11月,中共重庆市委、重庆市人民政府授予其"重庆市爱国主义教育基地";1998年11月,再次授予其"重庆市青少年教育基地"。2000年,张自忠墓被重庆市人民政府公布为直辖后第一批重庆市文物保护单位。

1982年建立保护档案,存放于北碚区民政局,有文字、照片、实物、地形图、保护范围等相关材料。

2.保护范围与建筑控制带

保护范围:东至围墙外缘线外6.5米,南至围墙外缘线外4.5米,西至围墙外缘线外6.5米,北至碚青路边线。

建设控制地带:东至保护范围线外以东30米,南至保护范围线外以南60米,西至保护范围线外以西30米,北至碚青路边线。

3.安全保卫情况

重庆市北碚区烈士陵园管理所为重庆张自忠墓设立了专门的安全保卫机构,配备了专职安全保卫人员,建立完善了各项安全制度,配备了灭火器等消防设施,确保陵园安全。该文物点的安全保卫情况基本做到了"三有、三无",即有安全保卫人员、有安防消防设施、有安保工作制度,无安全隐患、无消防隐患、无人防隐患。安保工作基本达到安全无事故。

(五)利用情况

1.褒扬烈士、教育群众

褒扬烈士、教育群众是国家民政部对烈士陵园主体功能的明确定位。张自忠烈士陵园在1986年10月28日被中华人民共和国民政部公布为全国重点烈士纪念建筑物保护单位。陵园重大节假日纪念活动旨在宣传张自忠英雄事迹,让后世铭记张自忠将军为国牺牲的精神。陵园充分利用清明、七一、张自忠将军殉国日(5月16日),开展主题教育活动和烈士纪念活动。清明期间,来陵园祭拜张自忠将军的群众络绎不绝,张自忠将军的警卫员、老兵曹廷明连续十年每年都来祭拜老长官。每年5月16日,在重庆北碚梅花山烈士陵园,社会各界人士举行隆重仪式,纪念抗日爱国将领张自忠将军,从没有中断过。

陵园发挥示范基地作用,总结好经验,推广好做法,教育群众,基层单位特别是各类学校,积极利用示范基地开展教育,把张自忠的英烈事迹,贯穿到思想教育和课堂教学中去,增强爱国主义教育的效果。陵园与梅花山小学、华光小学等单位形成共建单位,努力办好学校"第二课堂"。以瞻仰祭扫烈士墓、讲英烈故事、开展小小讲解员等一系列活动为载体,引导学生走进红色历史资源富集的烈士陵园,缅怀烈士功绩、弘扬烈士精神、自觉接受"润物细无声"的红色爱国主义教育。2016年1月至8月,陵园接待了来自梅花山小学、华光小学、状元小学、东阳小学、西南大学、重庆文理学院等学校教职工和学生共计2万余人。

2. 加强对外联系

加强宣传,营造社会氛围,扩大教育辐射面。陵园通过《北碚报》、北碚电视台和民政工作简报,不断加大宣传力度,对外刊登宣传报道几十次。2016年6月,接待张自忠将军孙子张庆成先生及山东电视台记者拍摄,拍摄内容2016年年底在山东卫视播出。

陵园加强与临清张自忠将军纪念馆、宜城张自忠将军纪念馆等国内张自忠同类型纪念馆之间的联系,在陈列、讲解、宣传效果等方面进行交流,整合资源,相互促进,深入挖掘张自忠的历史价值和现实价值,改进爱国主义教育方式。

二、张自忠墓的重要价值

(一)保护和利用张自忠墓是对张自忠将军"尽忠报国""取义成仁"最好的纪念

1939年,张自忠由鄂北前线赴重庆述职,在接受《大刚报》记者王淮冰、国新社记者高咏的采访时,曾说:"华北沦陷,我以负罪之身,转战各地,每战必求身先士卒,但求一死报国。记者先生,西北军出了一个韩复榘,我张自忠决不是韩复榘!他日流血沙场,革马裹尸,你们始知我取字'荩忱'之意!"

张自忠将军一生经历艰难曲折,曾举世非之,而未尝加沮,坚持爱国立场,受命危难、忍辱含垢,或周旋于刀光,或折冲于樽俎,卒至保全民族气节、国家利益。在抵抗日寇侵略战争中,张自忠将军驰骋沙场,奋勇杀敌,在喜峰口、淝水、临沂、徐州、潢川、随枣诸战役中,屡建奇功。鄂西会战枣宜战役中,亲临前线指挥作战,于1940年5月16日,在宜城十里长山壮烈殉国。1940年11月16日,张自忠被以国葬之礼权厝于重庆雨台山(后改名梅花山)。

将军之殉国,非逞一时之勇,激一时之愤,乃素怀以马革裹尸救国志坚意决之所必致。故能在民族国家危亡之际,不求苟生,以英雄之碧血,浇灌中华民族精神之花蕾;以殉国之举,唤醒东方之睡狮;以悲壮之死,求得民族之生存。他的忠心义胆,使日月失其辉、雷霆失其鸣、泰岱失其高、金石失其贞。张自忠将军堪称我中国军人之楷模,虽死犹生。他的英名,敌寇闻而丧胆;他的壮志成仁,激励了无数仁人志士,为世界反法西斯战争,为抵抗日本帝国主义侵略,而浴血奋战,前仆后继,为中华民族的独立自由、繁荣富强而艰苦奋斗、英勇献身。张自忠将军是抗日战争时期中国牺牲的最高级别将领,也是世界反法西斯同盟国中战死沙场的高级将领之一。国家因为有了这样一位将领而骄傲,国人为有了这位民族英雄而自豪。

墓园是历史文化的载体。它体现了建筑、雕塑、景观、文学、艺术等各个方面在各个时期的特征和变化,是一本活的历史书籍,是一个历史博物馆。同时墓园体现地域文化和精神文化。墓园是一处人文景观,它让人们认识历史,获得对空间和文化的认同感。通过观赏、触摸、行走、呼吸在具体实物的展示空间中,穿越时空去感受和体会历史的厚重和沧桑。无论是纪念张自忠的活动,还是相关历史事件的纪念活动,都需要在纪念设施的环境中举行,纪念活动能够激发其激励、整合和正确引导的作用。张自忠墓园是对民族纪念精神的传承,也是对张自忠功绩的表彰,寄托了国人对张自忠将军的敬仰,也是对张自忠将军"尽忠报国""取义成仁"最好的纪念。

(二)保护和利用张自忠墓园有利于加强爱国主义教育、世界和平教育、纪念烈士教育

爱国主义教育基地是开展爱国主义教育的实际载体,通过爱国主义教育基地开展各项教育活动,坚定参观者建设中国特色社会主义的理念,增强参观者对民族文化的认同感和自豪感,引领中华儿女坚守并自觉践行社会

主义核心价值观,为实现中华民族的伟大复兴,实现中国梦而奋斗,从而发挥爱国主义教育基地的教育功能。1986年10月15日,国务院批准张自忠墓为"张自忠烈士陵园",经民政部颁布,它成为首批32个全国重点烈士纪念建筑物保护单位之一。1995年1月,国家民政部授予其"爱国主义教育基地"。1997年11月,中共重庆市委、重庆市人民政府授予其"重庆市爱国主义教育基地"。增强保护意识,完善管理机制,开展丰富的教育活动,对发挥张自忠墓园爱国主义教育功能有积极作用。

张自忠墓园是进行爱国主义教育的重要资源。面对侵略者,中华儿女不屈不挠、浴血奋战,彻底打败了日本军国主义侵略者,捍卫了中华民族五千多年文明成果,铸就了中华民族的壮举。抗日战争是中国近代史上第一场反对外来侵略取得胜利的民族解放战争,是中华民族由衰败走向振兴的一个重要转折,开启了古老中国凤凰涅槃、浴火重生的新征程,也是世界反法西斯战争的重要组成部分。张自忠是中华民族抗击侵略的一面光辉旗帜,也是世界反法西斯阵营的英雄典范,最直观最生动地诠释了中华民族精神。

在和平与发展成为时代主题的今天,日本右翼势力一再掩饰甚至美化侵略罪行,严重威胁世界和平与安全。历史就是历史,事实就是事实,任何人都不可能改变历史和事实。付出了巨大牺牲的中国人民,将坚定不移地捍卫用鲜血和生命写下的历史。进一步挖掘和利用张自忠将军的英雄事迹,进行世界和平教育,有助于揭露日本法西斯的暴行,加深人们对和平的珍视和热爱,防止历史悲剧的重演。

一个没有英烈的民族是可悲的民族,一个遗忘英烈的民族同样是可悲的民族。2014年8月31日,十二届全国人大常委会第十次会议经表决,通过了设立烈士纪念日的决定,以法律形式将9月30日设立为中国烈士纪念日,并规定每年9月30日国家举行纪念烈士活动。在烈士纪念日,以国家的名义赋予追思英烈以神圣性,是最大限度上对民族精神与价值的彰显,对于在国家和世界范围内整合中华民族的集体认同感,弘扬社会主义核心价值观都具有非同寻常的重大意义。烈士精神已经注入国家的血脉,构筑起民族的灵魂,成为时代不可或缺的精神支柱。

张自忠墓园庄严肃穆,陈列馆陈列着大量的实物和图片,全面系统地介绍张自忠将军的英雄业绩,引发人们的情感共鸣,使国家自豪感和民族正义感油然而生,让后代更为珍视和平生活。保护和利用张自忠墓园,充分发挥张自忠墓园的爱国主义、世界和平的教育作用,对缅怀英烈,弘扬和培育中华民族的爱国主义精神,让世人认清历史真相,正视客观历史事实,珍视当代和平,意义重大。

(三)有利于推进"一国两制",加强海峡两岸的交往

张自忠将军殉国消息传出,举世震惊。张自忠将军是中国正面战场抗击日寇浴血奋战的典型代表,是爱国将士的典型代表。国民政府追授张自忠为陆军上将。蒋介石以国民政府军事委员会委员长名义通电全军,表彰张自忠将军的功勋,并立碑"英烈千秋"。国民政府下令张自忠入祀忠烈祠,为其颁布荣哀状、国葬令。中国共产党对张将军的丰功伟绩也给予高度评价,并在延安举行了隆重的追悼大会。

在海峡彼岸的台湾地区,张自忠将军作为民族英雄也受到各界人士的崇敬。台湾地区民众将张自忠将军入祀忠烈祠,入蜡像馆,专塑"张自忠将军蜡像"供人瞻仰;拍摄了大型宽银幕故事片《英烈千秋》;出版了《英烈千秋——张自忠传》。每年5月16日,台湾各界人士都要举行纪念活动。1988年,张自忠将军后人张庆隆去台湾讲学,在台北市应邀会见蒋经国先生。随着两岸关系改善,不少台湾同胞亲赴北碚梅花山祭拜张自忠将军。2010年,一位台湾的史学教授祭扫了张自忠将军墓后,动情地说:"张自忠将军不朽的功勋,如同一座丰碑矗立在我们心中,他的高尚品格和英雄气节,必将成为激励海峡两岸中国人不断前进的精神动力。"

张自忠将军是中国军人的骄傲,是海峡两岸人民共认的民族英雄。保护张自忠墓,弘扬张自忠将军英勇坚毅、大义凛然的民族气节,悲壮殉国、彪炳千秋的爱国主义精神,宣扬张自忠将军一生以国家利益为重、以民族利益为重、团结爱国的思想,是我们义不容辞的责任。今后我们要以传承纪念张自忠将军精神为载体,加强与台湾同胞的沟通与联系,增加民族凝聚力,增进国共两党、海峡两岸对抗战历史的认同,构筑政治互信,探索合作新路,为实现祖国统一服务。

第三节　张自忠烈士墓的保护利用建议

一、国内墓园保护利用案例分析

墓地是逝者形体的最终归宿，但不意味着逝者精神生命的终结，生者往往通过各种丧葬礼俗来延续与逝者的关系，这种关系能够让生者产生崇敬感、永恒感、归属感，甚至民族荣誉感。而墓园的存在不仅能够增加仪式感，而且还能够进一步加深我们对城市历史的认识。

"现代墓园通常运用景观营建手法，构筑不同的记忆空间或场所，营造特定的空间氛围。"墓园使得我们对城市历史的认识变得生动，这是墓园所具有的功能性。我们在国内选取了三个类似的墓园进行比较，从它们发展、设计、使用三个方面进行案例分析，希望能为张自忠墓的保护利用和发展提供有益的借鉴。

（一）十九路军淞沪抗日阵亡将士陵园

1. 简介

为纪念英勇牺牲的烈士，表彰十九路军将士在"九一八"事变中的卫国抗敌之举，1933年建成了"十九路军淞沪抗日阵亡将士陵园"。陵园坐落于广州市水荫路113号，先烈路的北面，总占地面积为59992平方米。其中包含了凯旋门、先烈纪念碑、英烈题名碑、抗日亭、将士墓、战士墓、先烈纪念馆等7处烈士纪念建筑物。

整座陵园建筑规模宏伟，布局严谨，造型庄重典雅，是一座非常富有古罗马建筑艺术特色的陵园建筑群。主体建筑是一个巴洛克风格的半圆形柱廊，柱廊前中央耸立着一座花岗石纪功碑。纪功碑上筑有一座肩托步枪，背系一顶铜鼓帽的威武的铜铸战士塑像。纪功碑南面有一座英烈题名碑，在碑的东侧和西侧分别是"淞沪抗日阵亡将士墓"和"淞沪抗日阵亡战士墓"。在陵园南面的先烈纪念馆，采用声、光、色等现代手段展示了十九路军淞沪抗日的英勇事迹。

2.保护情况

1933年由华侨捐资修建,并改名为十九路军淞沪抗日阵亡将士坟场。1938年10月,广州沦陷,坟场遭到一些破坏。1978年中共十一届三中全会后,党和政府重新实事求是地肯定了国民党军广大爱国官兵的抗日功绩,对阵亡将士以烈士对待。海外有关人士也多次呼吁整顿修复陵园。1983年将该陵园定为广州市重点文物保护单位,1989年又定为全国重点烈士纪念建筑物保护单位。1990年,将十九路军坟场正式定名为十九路军淞沪抗日阵亡将士陵园。这期间,对陵园内的环境进行了初步清理。1991年至1992年初,也就是"一·二八"抗战60周年纪念之前,对陵园进行了一次大规模的修复和整治。民政部、省市政协、市政府从各方面调剂资金,拨专款修复整治陵园。经过第一期修复和整治,凯旋门周围的环境和道路得到了改善和拓宽;部分题词、碑文的落款、署名恢复了;铜像、铜狮、铜鼎复原了;先烈纪念馆进行了维修、刷新和重新布展,并扩大了版面;园内7处纪念建筑物进行了洗刷、翻新。1993年7月至1995年8月,实施了陵园建设的第二期工程,目的是继续向公园式陵园方向发展,进一步使陵园整体化、规范化。2002年初,淞沪抗日70周年纪念日,对先烈纪念馆进行了重新布展,新建了纪念馆广场和"文化墙"。

3.发展利用情况

陵园管理处十分重视对陵园的管理与保护,对于陵园里的文物都采取精细化的保护措施,整个陵园也采取24小时不间断的管理方式。现在十九路军淞沪抗日阵亡将士陵园已成为广州市颇具影响力的纪念性公园。

(1)开展和组织好相关纪念活动

在"一·二八"淞沪抗战纪念日、清明节、中国人民抗日战争暨世界反法西斯战争胜利纪念日、烈士纪念日等重大纪念日,社会各界人士均在陵园内开展各类爱国主义教育活动。与此同时,陵园结合时事热点,以纪念重大历史事件为线索,通过多种渠道进行有效宣传,吸引更多游客,尤其是青少年前来参观,在社会上产生了较大的反响,成为社会各界和青少年缅怀先烈、进行爱国主义教育的重要场所,也是广大市民休闲旅游的景区。

(2)传承烈士精神

十九路军淞沪抗日阵亡将士陵园在日常工作中,注重烈士史料和遗物收集,还原和丰富烈士生活、战斗和献身的事迹,充分发挥烈士史料和遗物的教育作用。在陵园南面的先烈纪念馆,采用声、光、色等现代展示手段再现英雄人物形象,陈列历史文物,充实陵园的教育内容。同时,加强了对烈士事迹编撰和宣传,在全社会营造弘扬烈士精神的良好氛围。

(3)加强园区环境的管理

园区环境的管理在统一的规划下进行,在园区环境的管理中做到了绿植的栽种与当地环境、陵园纪念主题相结合。陵园的绿化在现阶段已经达到了3.5万平方米,在绿化的配置中还增加了很多具有亚热带风光的绿植,如罗汉松、龙柏、木棉、假槟榔等园林观赏植物,既丰富了景致,又不失纪念意味。通过以规则式为主的植物配置手法,整体上取得统一的效果,成功突出了纪念性景观主题。在园区环境的管理中,同时加强对铺设的草坪定期维护管理。只有做好陵园的环境管理工作,才能保护好十九路军淞沪抗日阵亡将士陵园的面貌。

4.总结

在保护和管理的基础之上,积极主动开展相关纪念活动;由单纯纪念性陵园向公园式陵园转化,增加张自忠烈士陵园功能的丰富性,吸引更多人主动走进陵园;注重陵园绿化环境的管理,采用合理的植物配置,与纪念建筑相互呼应,相互映衬,从而让人们在参观,瞻仰张自忠的活动中感受到视觉的,自然生态的,情感的变化。

(二)雨花台烈士陵园

1.简介

雨花台烈士陵园位于江苏南京中华门外雨花台,雨花台烈士就义群雕、雨花台烈士纪念碑、雨花台烈士纪念馆是主要纪念性建筑。陵园包括雨花台主峰等四个山岗,以主峰为中心形成南北中轴线,自南向北有南大门、广场、纪念馆、纪念桥、革命烈士纪念碑、北殉难处烈士大型雕像、北大门以及西殉难处烈士墓群、东殉难处烈士墓群、纪念亭等。

雨花台烈士陵园为全国重点文物保护单位,全国爱国主义教育示范基地,国家4A级旅游景区。

2.保护情况

1949年4月23日南京解放。同年12月12日,南京第二届人民代表大会上,为缅怀被国民党在雨花台杀害的革命先烈,通过了在中华门外一公里许的雨花台兴建烈士陵园的决议。1973年根据凭吊群众和市民的要求,陵园申请建设北大门。1974年南京市革命委员会批复同意,同年开工。1974年,江苏省市委决定在雨花台北殉难处新建烈士雕塑群像。陵园管理处先后向广州、上海、浙江、北京等省市以及本市有关单位征集雕塑样稿,并于1980年落成。1983年9月22日,邓小平题写的"雨花台烈士纪念碑"和"雨花台烈士纪念馆"两幅题字由中央办公厅寄交陵园管理处。

1984年4月,作为陵园纪念建筑群的主体建筑,雨花台烈士纪念馆破土动工。它是由著名建筑大师杨廷宝先生生前设计,其学生齐康主持完成。在雨花台任家山上举行了纪念馆破土动工仪式。1987年底,雨花台烈士纪念馆落成。1988年7月1日正式对外开放。

1985年4月初,原临时纪念碑拆除。10月11日,在雨花台主峰上,重建雨花台烈士纪念碑,并正式破土动工。1989年4月1日,雨花台烈士纪念碑建成开放。1992年12月26日,纪念碑廊胜利竣工,并向社会开放。至此,以纪念碑、纪念馆为核心的中心纪念区基本建成。忠魂亭是纪念中轴线上的最后一项工程,于1996年7月1日竣工。

2010年,纪念馆开始新一轮的陈改扩建。在纪念馆内院的东西两侧新建了两处钢架结构、玻璃幕墙的大厅,从而使展出面积从5000平方米增加到6000平方米。2011年6月29日,雨花台烈士纪念馆扩建工程正式竣工并对外开放。

2018年1月5日,经过9个多月的施工布展,再次改陈升级后的雨花台烈士纪念馆正式对外开放。展陈以"信仰的力量——雨花英烈生平事迹展"为主题,上版179位雨花英烈的生平事迹,总面积4550平方米,总展线938米。基于近年来史料征集及研究成果,新增5位烈士生平事迹,集中选取烈士的图片、遗物、话语、故事等展陈在同一区域,意在通过他们自己来告诉人民他们的初衷。新设的缅怀厅以9位烈士的9件典型遗物雕塑为主体造型,深入挖掘文物背后的故事。通过底座的二维码,观众可了解更多与烈士及遗物相关的内容介绍。新设的家书厅将烈士家书展陈其中,以真实和情感打动人,让观众进入烈士的真实内心。

3.发展利用情况

雨花台烈士陵园是全国最大的烈士陵园之一,构建革命主流文化形态,传播红色文化,担任着革命传统教育和爱国主义教育的重要任务,是南京著名的红色地标。随着时代的发展,陵园也在不断做出调整,陵园定位从革命纪念地到纪念性风景名胜区,从烈士陵园到纪念性城市公园,发挥教育和旅游两个功能,政治宣传教育的方式也有所创新,继续发挥政治功能的同时,向社会功能扩展,通过举办各类活动,保存红色记忆。政治形势的需要和史学研究的发展,使烈士陵园重新发现英烈的人文主义精神,呈现烈士人性化的一面。

(1)用好用活"红色资源",以新艺术形式展现雨花英烈精神和形象

2016年雨花台烈士陵园管理局推出《雨花颂·信仰》话剧文艺演出,全场演出分为序、雨花祭、雨花恋、雨花魂和尾声五个部分,让邓中夏、恽代英、丁香等英烈精神穿越时空,与当代人进行跨时空对话,充分展示了雨花烈士为民族独立、国家富强捐躯赴难,视死如归的坚定理想信念和为人民献出一切的大无畏精神。该话剧已经在南京、上海、武汉、广州等地正式演出40场,共有6万人次观看。

(2)举办多种多样主题活动,打造"雨花台"特色品牌

针对不同层次的观众,雨花台烈士陵园管理局推出极具针对性的主题活动。为了进一步探讨雨花台英烈精神传播,深挖其红色文化内涵,邀请专家撰文,开设专家谈专栏,并且举办专家研讨会。管理局先后邀请南京师范大学、中国人民大学等高校专家撰写了《雨花台革命烈士的"初心"永放光芒》《弘扬传统,与时俱进——关于雨花英烈宣传的思考》等文章。管理局在不断尝试社会教育活动新模式,开展"小小讲解员"夏令营、"小雨点"大学生义务讲解队、"雨花·追忆"诗歌大赛等有特色的社教活动。结合雨花台英烈事迹,管理局策划推出了谍战互动体验活动,加强了互动感和体验感,让观众们在完成任务的过程中更加深刻地体会到雨花英烈们不屈不挠的顽强精

神和团结合作服从大局的团队意识。除此之外,还举办了"红色文化看传承——穿越时空的对话"当代青年给雨花烈士写信征文、"红色文化看传承"等系列活动。管理局立足于雨花台英烈精神,深挖其时代内涵,传承红色文化基因,不断着力打造"雨花台"特色品牌。

(3)研发雨花台系列文创产品,全面构建红色场馆自媒体平台

雨花台烈士陵园管理局联合南京创意设计中心,邀请社会多家文化创意公司参与开发,将红色文化题材与现代设计元素相融合,先后研发出200多款接地气、符合当代审美的红色文创产品。2016年6月,首批红色文创主题店"雨花台文创纪念品主题展区"落成。管理局倡导并推动爱国主义教育基地创新传播方式,在"微"字上做好做足文章。在"中国雨花台"微信平台创新开发出微信自主语音导览服务,自主完成10集雨花英烈微电影拍摄剪辑,一经推出,便受到社会好评。管理局也推出雨花微故事之连环画,用观众喜闻乐见的方式宣传雨花台英烈精神,以春风化雨的形式传导红色文化的精髓内核,提高红色文化的感召力。

4.总结

借鉴雨花台烈士陵园的建设经验,张自忠墓烈士陵园应建立研究平台,深刻挖掘其时代意义,深刻剖析张自忠将军形象所蕴含的思想内涵,力求丰富、丰满、有层次,将受众带到历史情境中去认知和感受,并赋予思想理念以及生命的质感和情感的热度;同时,树立一个有血有肉的英雄形象,彰显人文主义关怀;举办各种主题鲜明的社会教育活动,突显陵园的爱国主义教育功能。

(三)重庆歌乐山烈士陵园

1.简介

重庆歌乐山烈士陵园位于重庆市沙坪坝歌乐山麓,设在中美特种技术合作所的旧址。由白公馆监狱旧址、渣滓洞监狱旧址、中美合作所总办公室旧址、松林坡大屠杀尸坑遗址、"11·27"烈士公墓等组成。1954年修建了烈士公墓和烈士纪念塔。1956年定为省级文物保护单位。1988年定为全国重点文物保护单位。1963年修建陈列大厅,对公众开放,定名中美合作所重庆集中营美蒋罪行展览馆,1984年改现名。

陈列馆占地面积1159平方米。基本陈列为"中美合作所"集中营史实展,以490张图片、108件实物和重庆《"11·27"大屠杀》半景画,详细披露了国民党军统集中营和中美特种技术合作所黑暗凶残的内幕,生动翔实地介绍了杨虎城、叶挺、江竹筠、罗世文、车耀先等革命先烈为新中国的建立前仆后继、英勇不屈的斗争事迹。

2. 保护情况

重庆"中美合作所"是1942年在沙坪坝歌乐山建立的,1949年11月27日,300余名共产党人和爱国人士在此被集体屠杀,造成震惊中外的"11·27"惨案。解放后除杨虎城、宋绮云等五位烈士遗体被运往陕西长安县安葬外,其余323具殉难者遗体合葬于此。1954年4月重修烈士墓,由民政局管理。1961年4月,四川省人民委员会公布烈士墓和"中美合作所旧址"为省级文物保护单位。为了做好保护工作,1962年9月由重庆市博物馆派出同志对旧址各点进行全面的调查和文物征集工作,后经市文化局请示省文化局和市人民委员会同意,在调查文物征集的基础上于同年11月在旧址内筹建烈士纪念馆,1963年11月27日建成开放。在调查的基础之上,房屋复原、复原布置"中美合作所"大营门、阅兵场、狼犬室、戴公祠、杨家山戴笠公馆、杨虎城将军殉难处、罗世文和车耀先两烈士殉难处、步云桥黄显声将军殉难处、宋绮云烈士殉难处、松林坡大尸坑。同时,根据调查资料对白公馆、渣滓洞进行修复。

1964年6月展览馆定名为"重庆中美合作所集中营美蒋罪行展览馆"。1984年,改名为重庆歌乐山烈士陵园,同时挂"中美合作所集中营旧址"的标牌。同年经省人民政府批准,划定重庆中美合作所集中营旧址保护范围,经勘定划界立标,由市人民政府布告予以严格保护。全部保护范围为2.16平方公里,其中有白公馆、渣滓洞监狱和杨家山、蒋家院子、黄家院子、江家院子等重点保护场地。该馆暂由重庆市博物馆代管,1964年底行政独立,由重庆市文物局直接领导。

由于国家财力有限,陵园资金投入不足。1984年,重庆市少年儿童倡议捐款集资17.2万元,中共重庆市委与市政府补贴130万元,在烈士墓前新建了大型群雕《浩气长存》。1986年竣工时,邓小平同志亲自题写"重庆歌乐山烈士陵园",邓颖超同志题写了碑文《烈士群雕铭》。继后,重庆市人民政府1987年1月公布了《重庆歌乐山烈士陵园三年规划建设大纲》。社会上130多个单位和个人共捐款70万元,市政府再拨款130万元,开始了以陈列展览、烈士群雕、烈士诗文碑林三大任务为主的规划建设。经过3年建设,新建烈士群雕50尊,新建烈士诗文碑林3处,新建大型浮雕墙1处,新版陈列展览6个,形成一个露天遗址博物馆,一个纪念性、启迪性、园林艺术性相结合的教育基地和旅游场所。

烈士陵园1991年引进一套具有现代技术的标准化展具,又将陈列总馆的基本陈列做了全面更新。1992年,为了更好地强化参观效果,陵园采取集资、借款的方式建设了《"11·27"大屠杀》半景画。1993年上半年调整了松林坡展区,新设了杨虎城将军灵堂和举办了"四川革命先驱业绩展"。1999年建红岩魂广场。

2004年,建立红岩联线文化研究发展中心。这是指红岩革命纪念馆和歌乐山革命纪念馆改制成立的红岩文化研究发展中心。整合两馆资源,建立起全市红岩文化的研究、开发和红岩精神传播网络,对重庆近现代历史文化、抗战文化,特别是红岩文化的研究和深度开发,创作红岩文化题材的书籍、戏剧和影视作品有重大意义,为重庆的精神文明建设和先进文化的发展而发挥作用。

3. 发展利用情况

《红岩》于1961年12月正式出版,至今已重印100多次,册数则超过了1000万,为红色经典作品,轰动一时。《红岩》,这一史诗般的称号,是重庆的光荣象征。小说取材于白公馆、渣滓洞革命先烈斗争史实材料,使全国各地游客慕名而来。重庆歌乐山烈士陵园工作人员挖掘红岩精神,创办主题展览,到全国各地去巡展,扩大红岩精神影响。红岩联线创建之后,加强了对红岩文化的研究和深度开发,成为全国红色旅游的榜样。

(1)特定主题的全国巡展

歌乐山烈士陵园工作人员发展业务建设,通过门票收费,多样化服务的方式,走内涵式的发展道路。1986年至1993年,接待参观人数是21168700人次,举办各种教育性专题展览15次,新增参观景点11处,出版编辑宣传资料11种,到全国30个城市巡展,举办各种社会教育活动。其中在全国巡展规模最大的是1988年的"中美合作所集中营史实展览"和《红岩魂形象报告展演》。

歌乐山烈士陵园认为烈士们留下来的宝贵精神财富,不能只是重庆人的,而应是全国人民的,应该把歌乐山烈士陵园建设成一个流动的陵园,让全国各地更多的人能够接受烈士们的英雄事迹和崇高品格的熏陶。从1988年开始,陵园把"中美合作所集中营史实展览"推向全国,先后在全国48个地方举办巡回展览,产生了轰动效应。1989年3月以后,展览出现了供不应求的紧张局面,许多省市争先恐后地邀请巡展。为满足要求,陵园又连续制作出三套展具,分别在全国各地展览。

《红岩魂形象报告剧》是重庆歌乐山革命纪念馆在传统演讲报告形式的基础上,综合运用陈列展览、舞台艺术而创作的一种宣传形式。该剧向社会推出后,在观众中反响非常热烈。该剧先后荣获中宣部"五个一工程奖",入选2001年度、2002年度"中国十大演艺盛事",并荣登"2000年重庆十大文化新闻"榜首。随着"红岩魂"展览在全国的影响不断扩大,1999年陈列馆改名为"红岩魂陈列馆"。

(2)红色旅游景区

在歌乐山这片巴渝热土上,留下了无数革命烈士可歌可泣的英雄事迹,凝聚成了伟大的红岩精神。歌乐山烈士陵园有其本身的独特性,通过重读历史、反观历史环境和相关资料图片还原历史,寓革命教育于旅游活动之中。红岩联线整合其所属红色经典文化资源,打造精品旅游线路,提高讲解队伍水平及配套服务设施,打出了自己的品牌,得到国内外游客的认可。

2016年春节假日期间,歌乐山烈士陵园7天一共接待了游客39.51万人次。据同年国庆假期的重庆红色旅游人数分析,国庆假日前4天,大量游客前往红色旅游景区祭奠和旅游。歌乐山烈士陵园4天接待了游客24.17万人次。

(3)红岩影视精品创作

红岩联线深挖红岩精神内涵,做大做强红岩文化,充分发挥其品牌效应,创作出多个影视精品。红岩联线充分运用京剧、话剧、展演剧、报告剧等多种表现形式,推出了报告剧《红岩魂形象报告展演》、话剧《小萝卜头》、展演剧《血筑红岩》、京剧《江竹筠》、京剧《张露萍》等13个影视作品,并斩获各项大奖。其中话剧《小萝卜头》荣获第六届全国儿童剧优秀剧目展演优秀奖第一名,并获重庆市"五个一工程奖";京剧《张露萍》荣获重庆市"五个一工程奖";话剧《河街茶馆》先后荣获第九届话剧金狮奖新剧目奖,第十二届中国戏剧节剧目奖,第六届全国话剧优秀剧目展演"特别奖"。

4.总结

作为全国重点文物保护单位,主打"红岩"品牌的歌乐山烈士陵园,一向维持着较高的人气,参观人数、门票收入均位居全国红色旅游景区前列。歌乐山烈士陵园一改守墓人的传统想法,充分发挥"红岩"品牌优势、充分挖掘革命文物的内在价值,创作出极具特色的"红岩魂"等展览,实现了经济效益和社会效益的双丰收。除此之外,歌乐山烈士陵园抓住文化体制改革的机遇,建立了红岩联线文化研究发展中心,整合红岩资源,建立更高更好的发展和研究平台,做大做强红岩文化,走出了一条属于自己的康庄大道。

结合歌乐山烈士陵园的开发经验,张自忠烈士陵园应主动挖掘本身优势资源,彰显张自忠精神的时代意义和价值;勇敢走出陵园,改变守墓人的旧想法,反思群众的需求,走进学校、社区、军营等;加强张自忠纪念地及同类型烈士陵园之间的交流,汲取经验,改善自己;整合北碚区丰富的抗战资源,打出自己的品牌;多种艺术创作形式宣传张自忠精神。

二、比较视野下张自忠墓园的保护利用建议

(一)张自忠墓园保护利用存在的不足

多年来,陵园做了大量富有成效的工作,张自忠烈士墓园在全社会的认知度、知名度逐步提升,作为全国重点烈士纪念建筑物保护单位和国家级爱国主义教育基地的利用率逐年提高,园容园貌和接待服务水平明显改善。但是,面对日益增长的社会和群众的精神文化需求,还有很多不足,与阿灵顿国家公墓、雨花台烈士陵园、歌乐山烈士陵园的利用和保护情况相比,差距甚大。不足表现为:

1.张自忠将军资源研究整理相对滞后

张自忠将军的精神内涵是烈士陵园弥足珍贵的教育资源,对于教育群

众具有十分重要的现实意义。面对这些资源,陵园在整理、挖掘、研究、开发上还有很多工作要做。

(1)研究基础工作滞后

红岩联线专门设有文物征集管理研究部,资料保管也在该部门。红岩联线2008年以来晋升正高、副高人员17人,引进培养的硕士、博士及副高以上职称人员14人,形成了实力雄厚的科研团队,发表有重要影响力的论文13篇、著作4部,完成国家社科基金项目《红岩文化发展研究》等相关课题。张自忠烈士陵园的管理单位为重庆市北碚区烈士陵园管理处,管理张自忠烈士陵园和王朴烈士陵园,办公室设在张自忠烈士陵园,编制4人,正科级单位,现有工作人员2名(安全保卫、园林维护人员不算在内),机构设置、人员配备完全不能适应资源研究的客观需要,缺乏专业机构和人员从事专业工作,缺乏研究平台,史料收集信息渠道不畅通。陵园资料室现有资料较少,仅有《梅花上将张自忠》《张自忠烈士陵园》《梅山挽歌》等少数资料,连张自忠的年谱、传记、纪念集都没有收录。张自忠相关的资料收集不完全,研究基础工作不扎实。

(2)软件设施和投入落后

革命纪念馆隶属于博物馆学专业,而博物馆学与教育学、心理学、管理学、历史学等学科有着密切的关系。作为纪念馆,承担着教育、馆藏、研究三项功能和为科学研究服务、为广大人民服务的职能任务,因此烈士陵园具有很强的专业性。张自忠烈士陵园的管理单位为重庆市北碚区烈士陵园管理处,正科级单位。张自忠烈士陵园的软件设施和投入远远落后于同样级别的陵园管理单位,导致管理体制和机制难以适应专业性特点。张自忠将军纪念馆有文物无馆藏、有陈列馆无史料研究。不是不开展这项工作,而是无场地、无经费、无设备,巧妇难为无米之炊!

(3)缺乏教育思想深度和内涵

歌乐山烈士陵园在宣传部、文化局、教委、团市委等单位的支持下,开展每两年一度的争创"红岩班(队)"集体活动评选,红岩班(队)由市委、市政府在"11·27"革命烈士纪念大会上授牌命名。"红岩班(队)"活动的开展,收到良好的社会效果。如重庆市第二十九中学的"红岩班"应届高中学生的高考上线和体育达标率都是全校最高的。雨花台烈士陵园针对不同层次的观众,推出极具针对性的主题活动,突出打造雨花台红色文化品牌。雨花台在深入挖掘烈士事迹的基础上,重视人文主义关怀,塑造有血有肉的烈士形象,以春风化雨的形式传导烈士精神的精髓。张自忠墓园偏重于怀念、悼念,轻教育,在宣传效果上能够用张自忠英雄事迹去感染人、打动人,但是对张自忠将军的烈士精神内涵深度挖掘不足,不善于用烈士精神和思想内涵启迪人、教育人。

2.墓园的主观能动性发挥不足

(1)纪念方法单一、固定

歌乐山烈士陵园除了利用清明节、"11·27"烈士殉难日举行各种教育性突出的常规活动之外,还利用各种活动机会扩大影响,借助各种文艺形式,从而使更多的人在寓教于乐中得到情感的激励和思想的升华。他们出资3万元支持重庆歌剧院排演歌剧《江姐》,并将部分片段在烈士陵园参观区循环演出。许多单位团体利用看演出的机会,开展人生观、世界观的座谈会讨论。他们与北京电影制片厂电视剧部联合摄制18集电视剧《红岩魂》,赞助重庆熊猫孩子剧团排演歌剧《小萝卜头》。张自忠墓园主要的服务项目还仅仅是清明、张自忠牺牲日等重大纪念日祭扫,来园参观,坐等人上门来参观。

(2)思想保守

歌乐山烈士陵园在适应市场经济体制的过程中,积极推行文博事业单位改革,以强化爱国主义教育为主线,以烈士的高尚精神塑造作为开展爱国主义教育工作的着力点,探索社会效益和教育效益双赢的道路。"红岩魂"在全国取得骄人成绩的同时,歌乐山烈士陵园提出必须开发"红岩魂"品牌的附加值,集中研究人员,在重庆市党史工委的帮助下,文物资料组整理出版了"红岩魂"系列丛书10本,《红岩魂纪实——来自渣滓洞、白公馆的报告》《红岩魂报告会》VCD光盘等。仅此一项,歌乐山烈士陵园每年固定收入就有50万元。张自忠烈士陵园习惯于守墓人的思路,坐等服务,祭扫、讲解、墓园管理、园区建设等固定工作都做得比较好,创新意识和想法却不强烈,不善于将陵园工作专业化、职业化;发展思路不清晰,等、靠、要的思想比较严重,求变、求新、求进取的心理准备不足。

(3)缺乏对教育对象的研究

爱国主义教育必须通过各种实践活动才能真正发挥教育效果。受教育的主体起着不可忽视的作用,研究教育对象和如何为他们服务是陵园需要主动去思考的问题。了解群众、熟悉群众、争取群众、为参观群众服务,满足他们的需求是烈士陵园的根本宗旨。通过研究,只有引导教育对象正确认识爱国主义教育基地,主动利用教育基地开展活动,扩大教育面,改进和调整教育内容和方式,才能吸引更多的人走进陵园。

(二)张自忠墓园的保护利用建议

1.提高重视程度,健全保护管理制度

坚持以"保护为主、抢救第一、合理利用、加强管理"作为张自忠墓园保护利用的原则,重庆市和北碚区政府、各有关部门应该加强张自忠墓园的保护管理,深入挖掘其历史内涵和现实意义,广泛组织开展群众性拜谒、参观和纪念活动,教育、引导广大群众特别是青少年充分认清日本法西斯侵略者犯下的罪行,牢记中华民族抵御侵略、奋勇抗争的历史以及中国人民在世界反法西斯战争中作出的巨大牺牲和不可磨灭的历史贡献,学习宣传抗日英烈张自忠的英雄事迹,大力培育和弘扬伟大的爱国主义精神,进一步增强民族凝聚力、向心力,为实现中华民族伟大复兴的中国梦提供强大精神动力。政府要充分认识到烈士陵园在社会发展中的特殊作用,在规划建设中充分考虑张自忠烈士陵园的发展,做到统筹兼顾。对破坏建筑物和影响陵园环境氛围的行为予以严肃处理。同时,张自忠墓园的主管部门要加大对张自忠烈士陵园的财政投入和解决编制问题,解决张自忠烈士陵园人员不足、软件基础投入过低等实际问题,改变其基础研究工作落后、软件建设落后的现状,为研究张自忠精神意义提供支持。改变张自忠烈士陵园各种资源不足的现状,是张自忠烈士陵园后续发展的基础之石,否则,后期发展建议都是空中楼阁,依然是巧妇难为无米之炊。

2014年8月,人大常委会确定每年9月30日为中国烈士纪念日,并规定每年的9月30日国家举行纪念烈士活动。2014年以来,党和国家每年都举行各种形式的缅怀和纪念活动,地方政府也要积极行动起来和配合起来。针对张自忠纪念建筑作用发挥不够、保护单位参观人数少等现象,党政机关干部应带头祭扫先烈,以引导人们崇尚烈士、敬仰烈士的传统美德和形成爱国主义教育的浓厚氛围,进一步提升张自忠烈士褒扬工作的影响力,更好地发挥张自忠烈士的教育功能。同时,宣传部门应发挥自身优势,通过新闻媒体、网络社交等媒体宣传,进一步加大爱国主义教育的宣传氛围,提高社会重视先烈的意识。

张自忠墓园是全国重点烈士纪念建筑物保护单位、重庆市文物保护单位、重庆市爱国主义教育基地,其保护与管理制度所涉及的相关法律规定有《中华人民共和国文物保护法》《烈士褒奖条例》《重庆市抗日战争遗址保护利用办法》等。重庆市于2015年12月通过的《重庆市抗日战争遗址保护利用办法》,是全国首部有关抗日战争遗址保护利用的地方性法规。该办法首次建立抗战遗址三级保护责任体系,明文规定文物、规划、国土等部门的具体责任,并且细化了保护责任人的主体责任,对不履行保护责任、破坏抗战遗址等行为进行严厉法律追责。相关的法律、条例、规定已建立起比较完善的保护与管理体制,但法律法规的生命力在于实施,因此需进一步加强文物法律法规等的执行力。各级政府和相关部门应严格依法行政,将文物事业纳入国民经济和社会发展规划,用于文物保护的经费要随着财政增长而增加,依法执行经济建设、社会发展与文物保护的相关规定。与此同时,也要加强人大监督力度,进一步完善文物保护法律法规体系建设,使文物工作更加法制化、规范化、制度化。

2.建立协作工作机制,提高研究、管理和利用水平

张自忠烈士陵园在研究、管理和利用等方面存在不足,应当根据实际情况,采用多种协作方式,主动寻求优势单位的帮助,提高自身水平,建立党政领导、部门指导、各方配合、专业人士支持、社会参与、共建共享的工作机制。在现有条件下,各级政府及部门应牵头陵园与重庆中国抗战大后方研究中心、重庆中国三峡博物馆、红岩联线三个机构或单位建立友好协作单位,借助大后方协同创新的强大学术研究能力,深入挖掘研究张自忠历史信息、精神内涵及时代意义;借助重庆中国三峡博物馆成熟的管理方法,改善陵园本身的管理问题;借鉴红岩联线的成功经验,扩大陵园影响力,提高陵园利用水平。

重庆中国抗战大后方研究中心是重庆市委宣传部和西南大学共建的重庆市抗战大后方历史文化研究与建设工程的三大中心之一。该中心以项目为纽带,形成了一批以中青年为主,以教授、博士为主,以我市相关学科学术带头人为主的研究团队,承担了20多项国家、省部级重大研究项目,发表和出版了100多篇论文和15部专著,开展了广泛的国内外学术交流。张自忠墓园与西南大学相邻,有天然地理位置优势。建议北碚区政府牵头,组织专家及相关部门、研究中心对张自忠墓园提供科研研究支持,深入挖掘研究张自忠历史信息,加强对教育主客体的研究。双方以课题或者委托项目为纽带,张自忠烈士陵园委托研究中心进行课题研究,以张自忠墓园历史信息、张自忠精神时代涵义、烈士陵园教育主客体等方面进行课题或者项目委托,以补齐张自忠墓园研究上存在的短板。

重庆中国三峡博物馆是国家一级博物馆、中央地方共建国家级博物馆,更是重庆博物馆体系的龙头馆。建馆60余年的时间里,三峡馆充分发挥中心博物馆的使命和职责,筹建、代管并衍生和发展出红岩革命纪念馆、重庆中美合作所集中营美蒋罪行展览馆、重庆自然博物馆、重庆宋庆龄旧居陈列馆、重庆市文物考古研究所等文博单位,奠定了重庆市文物保护和文博事业发展的基本格局。博物馆也在不断探索和实践总分馆制以及管理模式,2015年12月与巫山博物馆签订合作共建协议。张自忠烈士陵园也可以借鉴这种合作共建模式,主动寻求双方合作的机制,引进三峡博物馆健全的管理制度经验。前期,双方可以建立交流机制,陵园向三峡博物馆学习藏品管理、展厅布展与维护、讲解接待、人事管理等内容。后期,三峡博物馆总分馆制运行成熟、时机合适时,张自忠将军纪念馆可以发展为三峡博物馆的分馆。

红岩联线以红岩精神为依托,拓展文创产品的载体和传播形式,开发出一批具有红岩特色的文化产品,使所属景区维持着较高的人气,参观人数、门票收入均位居全国红色旅游景区前列。2009年红岩联线承担起张自忠将军纪念馆陈列展览改陈项目,双方已有合作的经验和基础。张自忠墓园可以与红岩联线结成帮扶对象,引进红岩联线成功的管理模式、利用开发自身资源的方法,提高对张自忠墓园的利用,扩大墓园的知名度和影响力。

3.打造"文化北碚"品牌,发展特色旅游线路

重庆是文化资源的"富矿",很多文化资源都有成为品牌的潜力,大足石刻、三峡文物、红岩文物等就是文化品牌成功的范例。张自忠墓园以全国重点烈士建筑物保护单位和全国爱国主义教育基地为主要载体,将革命传统教育与旅游开发有机结合,且它所在的北碚区,抗战资源十分丰富,地域优势明显。抗战时期,国民政府划分迁建区,北碚是迁建区之一,政府机关、科研院线、高等院校、工矿企业云集。据不完全统计,抗战期间迁来北碚的机构、学校有近200个,在北碚寓居的名人逾3000人,北碚的人口从6万人陡增至10万人。纷至沓来的文化精英们和北碚本土人民在这里共同创造了北碚抗战文化,形成了缙云山(北温泉)和夏坝(文星湾)两个抗战遗址主题区。借此优势,北碚区可以全面打造一个整体的"文化北碚"大品牌,整合丰富的抗战遗址资源,构建抗战文物保护和利用、文化旅游的大三角;以重要的文物保护单位及丰富的抗战遗址为内涵,向游客提供寻访抗战遗址、缅怀民族英雄多层次旅游服务。

按照"着力在点、以点串线、线面结合"的保护开发思路,充分利用缙云山(北温泉)和夏坝(文星湾)两个抗战遗址主题区的优良的生态环境、丰富的温泉资源以及深厚的文化积淀,突出抗战文化、养生文化的特色,制定出两条旅游线路。第一条:张自忠墓—梁实秋旧居—老舍旧居—西部科学院旧址—峡防局(文昌宫)旧址—国立复旦大学旧址,或者张自忠墓—梁实秋旧居—老舍旧居—红楼—清凉亭—国立复旦大学旧址。第二条:缙云山(世界佛学苑汉藏教理院旧址)—梁漱溟旧居—竹楼—农庄—数帆楼—竹楼。线路设计按照旅游主题设计,注意游览的顺序,注重保护旅游安全。在规划出旅游线路的基础上,北碚区相关部门要做好相配套的工作,比如市场营销(形象宣传)、景区合作、讲解服务等。

通过政府组织引导、社会积极参与与市场有效运作,加强重点项目建设,改进和完善薄弱环节的方式,本着把社会效益放在首位,力争全面提升特色文化旅游开发和管理水平,促进特色文化旅游可持续健康发展。整合抗战资源,打造"文化北碚"品牌,发展特色文化旅游,既契合当今时代特色,又挖掘了优秀历史文化资源。

4. 抗战资源整合,申请创建"重庆抗战历史文化保护区"

2009年,市委三届五次全会会议决定,实施"重庆中国抗战大后方历史文化研究与建设工程",通过《重庆中国抗战大后方历史文化研究与建设工程规划纲要》。其中提出在抗战历史文化资源富集地区,建设抗战历史文化风貌区(街区)或抗战影视拍摄基地,打造重庆抗战历史文化产业品牌。在抗战遗址相对集中、保护价值高的北碚可以申请建立重庆抗战历史文化保护区。建立重庆抗战历史文化保护区,不仅有助于加强重庆抗战文化资源的保护,也有利于重庆抗战资源的开发。[①]北碚区政府及相关部门可以申请北碚为"重庆抗战历史文化保护区",这对北碚抗战资源的保护、利用、开发是一次千载难逢的机会。

《重庆市抗战遗址保护利用总体规划》中提出抗战遗址规划重点是"一岛、三山、三坝"(一岛:渝中半岛;三山:南山、歌乐山、缙云山;三坝:沙坪坝、北碚夏坝、江津白沙坝)。重庆市大多数抗战遗址分布在一岛、三山、三坝,其中缙云山和夏坝在北碚区行政范围内。北碚区现有抗战遗址共计27个,其中国家级11个,市级8个,区县级3个,文物点5个,抗战遗址资源丰富。北碚区政府坚持分级保护、重点开发的原则,投资560万元,先后对老舍旧居、雅舍、晏阳初旧居等重点遗址进行保护性修复。同时,鼓励社会单位参与社会资金资助抗战历史文化遗址的保护抢救。北碚区面向社会征集抗战历史文物资料,不断充实和完善展室内容,先后建立晏阳初乡建学院陈列室、张自忠将军纪念馆、老舍旧居纪念馆等共近8000平方米的纪念馆展厅,免费向市民开放。北碚区积极支持该区内张自忠墓园、世界佛学苑汉藏教理院旧址、嘉陵江三峡乡村建设遗址群等6个文物保护单位16处抗战遗址申请第七批全国重点文物保护单位,其中嘉陵江三峡乡村建设遗址群申请成功。在此基础之上,北碚区继续助力张自忠墓园、世界佛学苑汉藏教理院旧址等文物保护单位申请"全国重点文物保护单位"。北碚区各个遗址点主要分布在缙云山(北温泉)和夏坝(文星湾)两个抗战遗址片区,分布相对集中,保存现状比较好,保护价值高,这是北碚区申请"重庆抗战历史文化保护

---

① 潘洵:《论重庆抗战文化资源的特点、价值及开发思路》,《重庆社会科学》(创刊号),第120页。

区"的资源优势。

除此之外，北碚区也是实施"重庆中国抗战大后方文化研究与建设工程"的重要阵地，科教文化资源和研究能力比较丰富。创建抗战历史文化区需要政治、经济、建筑、管理、教育等各方面的学科提供智力支持。西南大学位于北碚区，位列国家"211工程""985工程优势学科创新平台"，系教育部直属，教育部、农业农村部与重庆市共建的重点综合大学。西南大学共有53个一级学科，涵盖了哲、经、法、教、文、史、理、工、农、医、管、艺等12个学科门类，其中有3个国家重点学科、2个国家重点(培育)学科，28个一级学科具有博士学位授予权、51个一级学科具有硕士学位授予权。这是北碚区独有的综合科研优势。重庆中国抗战大后方协同创新中心也设在西南大学，中心有专兼研究人员58人，其中教授37人，副教授12人，博士生导师7人。中心承担了20多项国家、省部级重大研究项目，在学科建设方面取得重大进展。创新中心以其优秀的学术科研团队、突出的科研能力能够为"重庆抗战历史文化保护区"提供学术支持和指导。北碚区应该依靠西南大学和重庆中国抗战大后方协同创新中心"两棵大树"，使其为申请、规划、建立"重庆抗战历史文化保护区"进行支援。

北碚区拥有得天独厚的地位和优势去申请"重庆抗战历史文化保护区"，这将推进包括张自忠墓园在内的北碚抗战遗址的保护、开发、利用。西南大学潘洵教授提出重庆抗战文化保护区的建设，应注意建设遗址显示、标志物显示和博物馆显示三大体系。遗址显示就是要通过维修和重建历史遗存真实再现历史信息，即抗战遗址保护工作。标志物显示就是通过一些标志性的说明介绍传递历史的真实信息，即抗战遗址说明工作。博物馆显示则是通过对历史和空间的浓缩来揭示历史的内涵，即纪念馆展陈工作。[①]北碚区申请"重庆抗战历史文化保护区"的同时，也要注重这三个方面工作的开展，为申请工作添砖加瓦。

---

① 潘洵:《重庆抗战文化资源保护、开发的现状与对策》，《西南师范大学学报》(人文社会科学版)，2003年第6期。

后 记

　　本书是在2014年12月由重庆市文物局出资委托、重庆市社科联立项的重大委托课题"日本战俘营旧址、库里申科烈士墓与张自忠墓保护与利用研究"结项成果基础上补充完善而成。本书完成了对日本战俘营旧址、库里申科烈士墓与张自忠墓的基本历史信息和保护利用现状等基础调查研究，并与同时期同类型的遗址加以比较研究，从而探索和创新遗址保护思路，进而提出对日本战俘营旧址、库里申科烈士墓与张自忠墓的保护、利用和研究的意见和建议。

　　本书的编撰由张荣祥、幸军、岳宗英、雷雯佳、张肖静、黎明、李力、颜泽林、周玉顺共同完成。张荣祥和幸军同志负责全书统稿和审读，第一章第一节第一点由黎明撰写，第一节第二、三点，第二节、第三节由雷雯佳撰写。第二章第一节第一点由岳宗英撰写，第一节第二、三、四点由颜泽林撰写，第二节、第三节由李力撰写。第三章第一节由周玉顺撰写，第二、三节由张肖静撰写。

　　本书从编撰到出版得到了重庆市文物局、重庆出版社领导和专家的大力支持。照片使用情况如下：日本战俘营旧址章节照片均在下面标明了来源；库里申科烈士墓章节所用照片均由万州档案馆、万州区博物馆提供；张自忠墓章节所用照片主要由北碚区档案馆、北碚区烈士陵园管理处提供，其余照片均在照片下面标明了来源。在此，我们对提供照片的各个单位表示由衷的感谢。另外，艾新全、刘豫川、王志昆、张鲁鲁、郑永明五位专家对本书提出了珍贵的修改意见和建议。本书的出版离不开上述领导、专家和同仁的亲切关怀和共同努力,在此一并致谢。

由于时间和水平的限制,书中难免有这样或那样的不足,继续研究的空间还很大,尚祈各位专家和学者不吝赐教。

编者

2019年8月23日

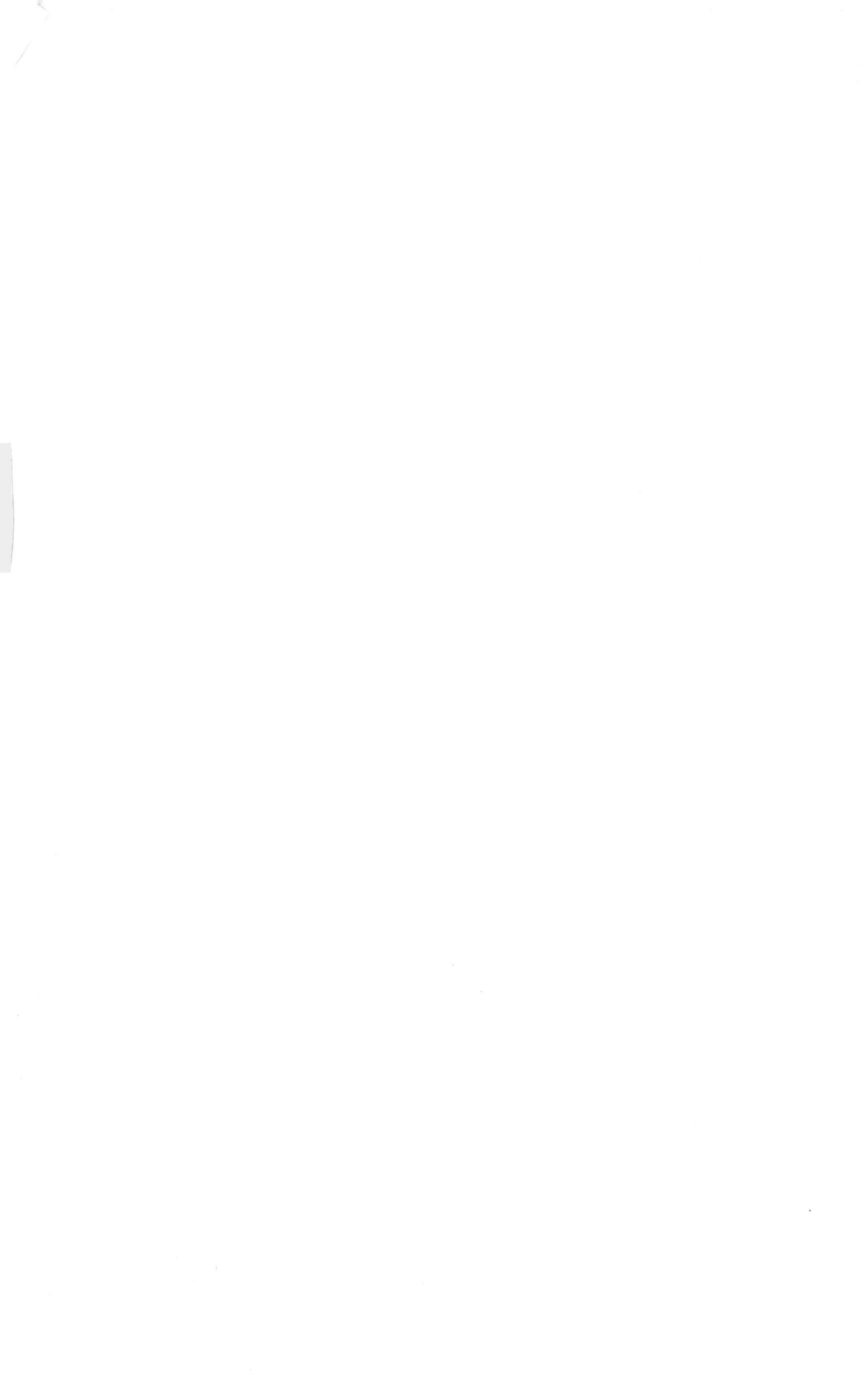